レフォルマ代表取締役
伊藤 光記

マイホーム任意売却のススメ

ストップ競売!

その住宅ローン問題。
だれにも知られずに解決できます!

住宅新報社

はじめに

ここ数年、住宅ローンが払えなくなった方々からの問い合わせが急増しております。サブプライムローンを発端としたリーマンショックの直後には、テレビ、新聞、雑誌などのマスコミからの取材依頼が当社へ殺到しました。

しかし、平成22年度においては、首都圏における競売物件の申立て件数が前年度と比較して減少しています。その理由は平成21年12月に施行された「中小企業者等に対する金融の円滑化を図るための臨時措置に関する法律」（いわゆる「中小企業金融円滑化法」※1）にあります。この法律は、金融機関が借り手（債務者）に対して、貸付条件の変更などに対応するよう努めるという内容です。

その結果として、本来、競売および任意売却される可能性が高かった不動産が延命され、競売の申立て件数の減少につながったというわけです。

そもそも「中小企業金融円滑化法」は平成23年3月31日までの時限立法だったのですが、度々延長され平成25年3月末までとなりました。しかし、政府もこの先は延長しないと強調しております。

そんな状況下ですので、「中小企業金融円滑化法」の期限を迎えた際に、競売および任意売却の件数が再び増加することは明白です。現にその予兆として当社の相談窓口への問合せ件数

はじめに

が増えているのです。

また、昨今は競売申立て件数は減少していますが、競売の取下げなどの件数の割合は増加しています（※2）。

この傾向が意味するところは、数年前まではあまり馴染みのなかった任意売却という取引自体が一般的に広がってきているということです。しかしながら、任意売却の件数が増加することによって、任意売却をとりまとめる不動産業者と所有者との間のトラブルも多くなっています。

本書を通して現在の厳しい経済環境の中で住宅ローンの返済に苦しまれている方々が任意売却の概要をつかんでいただき、よりよい解決の指南となることを願っています。

平成24年3月吉日

株式会社レフォルマ　代表取締役　伊藤　光記

※1　中小企業金融円滑化法：中小企業といった法人だけではなく、勤務先の倒産などで住宅ローンの返済が困難になっている個人も対象とされる。この法律では住宅ローンを受けている個人から融資返済条件の変更に関する申し出があった場合、金融機関は融資返済における期間延長などの貸付条件変更にできるだけ応じるよう、努力義務が掲げられている。

※2　東京都、神奈川県、千葉県、埼玉県の各地方裁判所における競売申立て件数と取下げなど物件数。株式会社エステートタイムズ（http://www.estatetimes.jp/）による調査。

ストップ競売！マイホーム任意売却のススメ　もくじ

第4章　任意売却の最重要ポイント！　パートナーの選び方

第5章　任意売却で問題解決　成功事例集

第1章

任意売却とは？

この章では、実際にローンが払えなくなったときはどうすればよいのか、それらについてお話ししていきます。また、任意売却の基礎知識について解説します。

住宅ローンが支払えなくなったら……

「住宅ローンが支払えなくなったら、どうなるの？」
「住宅ローンが支払えなくなったら、家を手放さなければならないの？」
「住宅ローンが支払えなくなったら、家を手放せば万事解決なの？」

それらの疑問は、住宅ローンを組まれた方ならば誰しもが持つ疑問だと思います。

しかしながら、夢をもって新居となるマイホームを購入する段階ではその疑問について、誰も想像もしません。自宅となる新居を斡旋する不動産業者はもちろんのこと、買われる方ご自身であっても新居での新生活を夢見ることはできても、まさかご自分が住宅ローンを支払えなくなるなんてことは考えません。もしそういった疑問を感じていたら、家を買うことはないでしょう。大方の場合、そういった疑問や不安は、購入して新居となるマイホームに住み始めた後に生じるのです。

もっとも、実際に住宅ローンが支払えていればまったく問題はないのですが、このところの世界的な不況は、民間企業や自営業の方の仕事にも大きく影響を及ぼし、サラリーマンの方であれば、会社の業績悪化による昇給停止や減給、倒産、自営業の方であれば仕事の減少といったように、結果として個人の方の収入にも大きな影響をもたらすケースが非常に増えています。

また、投機的金融商品により大きな損失を被り、資金繰りが厳しくなったという話も多いです。

しかも、一度職がなくなると場合によっては再就職が難しく、仮に就職したとしても従前の収入はなかなか見込めないこともあり、以前は支払うことができていた住宅ローンを支払えなくなるという事態が、さらに状況を悪化させてしまいます。

今、住宅ローンの支払いが重いと感じられている、もしくは支払えなくなっていると思い、この本を読まれる方にまず知っていただきたいのは、住宅ローンを支払うことが難しいのは、恥ずかしい話ではないということです。

一生懸命に働いていても、世界的な不況という状況の前には、ときにはなすすべもないこともあるのです。これは個人の力では、変えようのない流れなのです。

そして、住宅ローンの返済でお悩みになっている方は大勢いらっしゃいます。ですから、ご自分ひとりで考えすぎないでください。不動産について詳しい、まわりの信頼できる方に相談してください。

もし信頼できる方がいなければ、私どもレフォルマに連絡をください。なにごとも不安がある状態で悩んでいても、より悪いことしか考えられません。一人で悩まないことが非常に重要なことなのです。相談できる人がいるか、いないかでその後の人生は大きく変わってきます。

それでは、実際にローンが払えなくなったときはどうすればよいのか、それらについてお話ししていきましょう。

ローンの支払いがいったん滞ると……

会社倒産、減給、配置転換、左遷、転勤、仕事の減少、怪我、病気、離婚……。

当初思い描いていた人生設計とは異なる事態に陥ることで、収入が少なくなり生活費が圧迫されることによって、結果として住宅ローンの支払いにまでお金が回らなくなるということは、この時代、どこの誰の身に起きてもおかしくない状況だといえます。

住宅ローンが支払えなくなることは、もはや、対岸の火事や他人事ではありません。

ローンを滞納した場合であっても、1～2ヶ月程度の滞納であれば、銀行などの債権者からすぐに住宅ローンを支払うように督促状などの書面によって催促をされる程度で済むかもしれません。

その1～2ヶ月程度の期間で経済的な状況が好転し、再び住宅ローンの支払いが可能となればいいのですが、そのような短期間で住宅ローンの滞納分を支払えるほど、収入の増加は見込めないのが現実でしょう。

ですから、大方の場合、経済状況がよくなることはなく、そのまま支払いができない状況が続くことになります。

住宅ローンを支払えなくなった。その先は？

住宅ローンを支払うことができないまま、３ヶ月程度以上（住宅金融支援機構の場合、６ヶ月程度以上）滞納し続けると、債権者から通知書が届くことになります。

お金を借りる際に債権者との間で締結した契約（この契約を「金銭消費貸借契約」といい、略して「金消（キンショウ）」と呼ぶ）に基づくと、住宅ローンの滞納を続けることは、毎月きちんと住宅ローンの返済を行わないといけないと明記された契約条項の違反になるため、この通知書には、現時点で発生している利息などを含めて住宅ローンの借入金を一括返済するよう求めるという内容が記載されています。

本来ならば、金消契約時に定められた一定金額を返済満了日までに払っていれば、突然、借りたお金の全額返済を求められることはないのですが、住宅ローン滞納により、所有者と債権者との間のお金を貸すという部分での信頼関係はなくなり、「もう信頼していないから、貸したお金を現時点での利息をつけてすべて返せ」というのが債権者側の主張です。

お金を借りる側の一括返済を求められることのない利益のことを「期限の利益」と呼び、この利益がなくなることを「期限の利益の喪失」といいます。

なお、仮に滞納期間がなくても、裁判所に対して自己破産など法的措置を申し立てた際には、債権者は所有者がすでに返済不能状態に陥っているとみなし、期限の利益は喪失されます。期限の利益の喪失がなされ、住宅ローン全額を一括で返済できない場合どうなるのでしょうか。債権者と所有者の間でお金の貸し借りをする金消契約を締結するためには、一般的に保証会社や保証協会などをこの住宅ローン債務の連帯保証人とすることが条件になります。大方のケースにおいては、金消契約時に債権者により決められた保証会社や保証協会などとの間で取り交わす保証委託契約も同時に行っていることでしょう。そのための保証料も支払っているはずです。

連帯保証人とは、債務者が借金を返済できなかった場合、債務者と同等の立場となって債権者からその返済のすべてを求められるポジションにあたる人や法人のことです。自分で作った借金ではありませんが、連帯保証人には住宅ローンなどの債務全額について支払い義務が生じます。

したがいまして、債権者は、住宅ローンの滞納を続けていて、結果として期限の利益を喪失し、残債務の一括返済を要求したものの、一切支払わない所有者の代わりに、保証会社や保証協会などにその債務全額を一括返済するよう求めることになります。保証会社や保証協会などは、連帯保証人となることを目的とした法人ですので、当然のことながら、その請求に応じ、債務者に代わって、債権者に残債務のすべてを支払います。

このように保証会社や保証協会など連帯保証人になっている人や法人が、債務者に代わって、債権者に対してお金を支払うことを「代位弁済」といいます。

それではその代位弁済の後はどうなるのでしょうか。連帯保証人になっている保証会社や保証協会などが債務を支払って終わりという話になるのでしょうか。

もちろん、保証会社や保証協会などが債権者に対して代位弁済してすべて事態が解決するという話にはなりません。連帯保証人としてお金を代わりに払った保証会社などは、住宅ローン債権（貸したお金を返してもらえる権利）を取得することになります。要するに債務者にとってみたら、保証会社や保証協会などが新たな債権者になり、引き続き返済義務は生じたままであるというわけです。

そして代位弁済した保証会社や保証協会などは、債務者に対して、銀行など元の債権者と同じように、一括で残債務を支払うよう催告します。実務としては、保証会社や保証協会などは、「サービサー」と呼ばれる債権回収を専門に取り扱う債権回収会社に委託することが多く、そのサービサーを通じて、書面送付、電話連絡、訪問督促などの債権回収が行われます。

その後に、それでも住宅ローンの残債務が支払われなければ、住宅ローンの契約の際に自宅に抵当権や根抵当権が設定されていますので、それら抵当権などに基づき、競売手続きに着手するという流れになります。抵当権や根抵当権などの担保権に基づき競売手続きに着手するということは、簡単にいってしまえば、〝借金のカタ〟となった不動産を第三者に売ることで、債権者は債権回収を実行するというわけです。

滞納したら即競売、ではありません

前項でお話ししましたとおり、住宅ローンを滞納してから数ヶ月経ち、保証会社や保証協会などの代位弁済がなされた後、債権回収のために裁判所の手により自宅が競売になるという流れとなります。

しかしながら、住宅ローンを滞納したら即競売になるというわけではありません。競売を回避し、事態を解決することができる手段があるのです。

それが「任意売却」と呼ばれる手法です。

任意売却とは、その名の示すとおり、裁判所という国家権力により自宅が強制的に売却されるのではなく、自宅の所有者が自らの意思、すなわち任意で自宅を売却することです。

住宅ローンなどのお金を借りた際、自宅の不動産には抵当権や根抵当権などの担保権が登記設定されます。前述のとおり、この担保権は住宅ローンなどの支払いができなくなった場合、裁判所の競売にかけて不動産を換金することができる権利のことです。債権者は基本的に住宅ローンの全額返済がなされないと、この抵当権などの担保権を外すことはありません。

抵当権などの担保権は仮にその不動産を売却して、他の人に所有権が移ったとしても自動的には消滅しません。債権者がその権利の抹消に応じなければ、消えないのです。いわば〝借金のカタ〟です。普通であれば、抵当権がついたままの不動産を買いたいと願う人はいないでしょう。せっかくお金を出して不動産を購入しても、自分の借金ではないのにいつなんどき、不動産が競売にかけられてしまうかわからないからです。

ですから、自宅不動産に抵当権などの担保権設定がなされている場合、残りの借金以上の金額で売却するか、もしくは不足分を充当できないと自宅を売るに売れない状況になるというわけです。住宅ローンが支払えないということは、様々な理由でお金が住宅ローン返済に回せないということですから、不動産を売却するために手持ちの資金をそこに充てるというのは、なかなか難しいところであると思われます。

それに一般的には、住宅ローンの残債務と現在の自宅不動産の資産価値（売却金額）を比較してみると、ローンの残債務の方が自宅不動産の資産価値（売却金額）よりも多く、どう転んでも手持ち資金では支払えないというケースが非常に多いことが推測されます。

しかしながら、所有者が住宅ローンを完全に支払うことができないと判断された場合には、債権者は住宅ローンの残債務の金額に満たなくても、抵当権などの担保権を外してくれる可能性があります。これを利用して、所有者自らの意思で不動産の売却を行い、その売却金額を住宅ローンの残債務などに充てることが任意売却の流れとなります。

確かに、競売にせよ任意売却にせよ、「家を手放す」という行為自体には変わりがないと思われるかもしれませんが、競売と比較して、任意売却には数多くのメリットが存在しています。

住宅ローンを滞納した後、事態をより悪化させかねない競売に進んでしまうよりも、事前に任意売却を行った方がより有利に物事を解決できるのです。

任意売却は不動産を売却することですので、国家資格である宅地建物取引主任者を擁する不動産業者（宅地建物取引業者）のみが業務として取り扱い可能です。

したがいまして、任意売却のご相談については、我々のような任意売却を専門に行っている不動産業者にするのが一番いいでしょう。またその時期については、できるだけ早い段階がいいです。時間が経てば経つほど、任意売却を行う時間が限られてしまい、その成功確率も下がってしまいかねません。

任意売却は時間との勝負なのです。できうる限り、早い段階からしかるべき信頼できる任意売却の専門家に相談し、計画的に行うことが任意売却を何より成功に導く鍵となります。

それでは、次に任意売却のメリットとデメリットについてお話ししていきましょう。

任意売却のメリット・デメリット

ここでは、任意売却のメリットとデメリットについてお話ししていきます。
まずは任意売却のメリットは多数ありますので、メリットの一つ一つについて詳しく解説していきましょう。

メリット1 同じ町に住み続けられる（近隣に知られずに解決できる）

奥様からのご相談で多いのが、同じ町に住みづらくなってしまうので、周囲に知られずに済む任意売却で解決を望むということです。特にお子様が通学中の方においては、深刻な問題です。

任意売却は前にも述べましたとおり、一般市場で販売するため、通常の不動産売却とおおよそは同じです。売却活動中、所有者が自ら他者に話をしなければ、その売買の理由が「住宅ローンを支払えないため」ということは、基本的に実際の購入希望者以外の第三者にはわかりません（なお、任意売却実務の性質上、実際の購入希望者は契約の事前にご自宅が任意売却物件であることを知り得ます）。

競売の場合は任意売却の時点とは異なり、その不動産の情報が詳細な内容と室内写真とともに不動産競売物件情報サイト（http://bit.sikkou.jp/）に掲載され、インターネット上にて競売物件として広く公開されてしまうのです。

それと合わせて、競売代行を行う業者が競売情報を基にしてチラシを作成し、近隣世帯にポスティングを行って代行希望者を探すケースが多々あります。そのような状況になりますと「ローンが払えないこと」「競売にかかっていること」を近隣に大きく宣伝されてしまいます。この競売代行業者の近隣に対する営業により所有者の方が参ってしまい、我々にご相談いただくケースもあります。

メリット2 競売よりも高く売れる可能性がある

任意売却を行うにあたって、これが一番大きなメリットなのですが、任意売却の方が競売よりも高く売れる可能性があります。

任意売却は通常の不動産と同様に一般市場にて売却活動を行います。一般市場の不動産であれば、物件の権利的もしくは不動産的な問題がなければ、都市銀行や地方銀行などの金融機関から住宅ローンを借りることができます。もちろん、室内外をじっくり見てもらうことができるので、それだけ多くの人に購入を検討してもらえます。

対して競売の場合、よほど金融機関とつながりがある方でなければ、個人の方が住宅ローンを組むことはなかなか難しく、現金もしくは借り換え前提でノンバンクを利用して入札しているのが現状です。また、一般的に所有者の許可を得られないため、室内外を見て購入の検討ができないことから、購入希望者が限られます。競売の落札者の多くが不動産業者であるのは、これらの理由のためです。

上記により任意売却の方が競売よりも高い金額で売却される可能性が高く、債権者においても、より多くの債権回収金額を見込め、所有者にとっても、それだけ債務の圧縮につながるということです。

たとえば、債務が２０００万円あるとして、競売の場合、１０００万円での売却が想定されたとしても、任意売却であれば相場価格の１５００万円での売却が見込めます。結果として、任意売却の方が競売よりも５００万円多く債務を減らすことが可能になるというわけなのです。

メリット3 競売より短期間で解決

これも任意売却を行う大きなメリットの一つです。任意売却の方が競売よりも、より早く問題を解決することができる可能性があります。競売は裁判所での法的な手続きに則って執り行われますので、ある程度、期間はかかります。一般的に競売差押えの申立てをなされてから期間入札の開札日まで、おおよそ半年から8ヶ月程度の時間がかかります。

それに対して任意売却は、購入希望者がいつ現れるかにもよりますが、法的な手続きに要する時間がないため競売よりも短時間で不動産を売却することができる可能性が高いのです。

住宅ローンなどの借入れの返済を止めますと、金利と合わせて遅延損害金も発生します。売却代金や配分金は、まず実際に借りた元本の返済に充てられることが多いので、売却までの期間が短ければ短いほど、余分な債務を減少させることができるというわけです。

したがいまして、売却までの期間が短い任意売却の方が競売よりもメリットがあるのです。

メリット4 引っ越し費用

競売の場合、引っ越し代は支払われないケースが多いです。その理由は、近年、競売手続きの法的整備が進み、安価に短期間で強制執行ができるようになったことです。その結果、落札者が立ち退き交渉に時間をかけ、引っ越し代を払うメリットが薄くなりました。それに引き換え、任意売却では強制執行はできませんので、あくまで所有者が任意で明け渡す必要があります。それゆえに任意売却を成立させる後押しとして、引っ越し代を認めてくれる債権者がいるということです。(なお、債権者によっては、自己破産をしているなどの条件が必要の会社もあります。必ず認めてもらえるというものではありませんので、その点ご注意ください。)

メリット5　残債務について柔軟に対応してもらえる

任意売却は所有者の意思がなければ成立しません。当然、債権者の協力も必要ですがお互いの誠意のある対応があって初めて成立する取引なのです。

競売の場合ですと、競売の申立てをする費用もかかり、法的手続きに数ヶ月の時間もかかります。任意売却は、所有者だけではなく債権者にとっても時間的、経済的メリットが多々あるのです。すなわち、債権者の債権回収に協力したことになり、その後の対応についても柔軟に対応してもらえる場合が多いのです。

メリット6　精神的な負担軽減

これは損得ではなく精神衛生上の話になり、所有者ご本人は気付いていない場合も多いのですが、任意売却で解決される方と競売で解決される方はその後の気持ちの持ちようが大きく違うように感じます。

たとえば、競売で家を手放すということであれば、裁判所の手続きによって強制的に家を売却され、強制的に立ち退きを求められるため、「家を取られた」というニュアンスで感じられる方が多いと思われます。

それに対して任意売却には、所有者が自発的に解決と売却をする意思が必要となります。いくら債権者が任意売却を望もうとも、所有者にその意思がなければそもそも売却が成立しないのです。任意売却を選択した場合、自分の意思で「家を売った」という思いが強くなるでしょう。任意売却は「家を売る」ことで、競売は「家を取られる」ことです。この違いは精神的に格段の差になり得ます。これは、我々が数多く任意売却と競売を見てきた立場だから感じることかもしれません。

お金の問題で苦しみながらも、次のステップに上れる方も多数見てきました。その多くは決して投げやりにならずに、自発的に任意売却した方々が圧倒的に多いです。次なる生活に向けて、前向きに新しいスタートを切るためにも、競売での強制的な売却よりも、自らの意思で売却を行う任意売却の方が精神衛生上もいいことは間違いないと思います。

これらのメリットに対して、いったいどんなデメリットが考えられるでしょうか。通常どおり住宅ローンを支払っている場合には、任意売却をしなければならない事態とはなりません。住宅ローンを滞納するか、自己破産を申し立てるなどによって支払うことができなくなったことを債権者が認識しなければなりません。ローンの支払いができなくなることが前提となりますので、今後、お金を借りることが非常に難しくなります。お金を借りることができるようになれるとしても、ある程度の長い期間の経過が必要となるでしょう。

しかしながら、これは競売でも同じことがいえますので、競売と比較して大きなデメリットはないと思われます。

もう一つは自発的に当社のような任意売却業者に問い合わせをする必要があるということです。一番最初の問い合わせの電話がしづらいというお話は伺ったことがあります。反対に競売は支払いを止めてそのまますべてを放置すればすべて勝手に進み、最終的に強制執行されます。とはいっても、任意売却業者に依頼すればその後の流れは任意売却業者が行ってくれるので、そんなにご負担はないと思いますが。

第２章
住宅ローンの滞納を放置したらどうなる？

第２章では、実際に住宅ローンを支払えなくなった場合に、何もしなかったらどうなるのかについてお話ししていきます。

三

不動産競売までの流れ

前章でもお伝えしましたとおり、滞納を放置したら、債権者はお金を回収するために抵当権を設定した不動産を競売にかけます。

ここでは競売の仕組みや流れについても詳しく解説していきます。

まず、競売による不動産売却実行までの流れを見てみましょう。そのフロー図は下記のとおりです。

●不動産競売までの流れ

次は競売に至るまでのおおよその流れです。実際の進行については、様々な要素で変わる可能性があります。

❶ 住宅ローン滞納（3～6ヶ月以上）※1
↓
❷ 期限の利益の喪失（1～2ヶ月程度）
↓
❸ 代位弁済、一括請求（1～2ヶ月程度）
↓
❹ 競売開始決定、差押え（1～3ヶ月程度）
↓
❺ 配当要求終期の公告（1週間程度）
↓
❻ 執行官や評価人による現況調査（1～3ヶ月程度）
↓
❼ 期間入札の公告（1ヶ月程度）
↓
❽ 期間入札実施（1週間）
↓
❾ 開札期日（1週間前後）
↓
❿ 売却許可決定期日（2日～1週間程度）
↓
⓫ 売却許可決定確定（1週間程度）
↓
⓬ 代金納付期限通知書送達（1週間程度）
↓
⓭ 代金納付期限日、不動産所有権移転日（1ヶ月程度）
↓
⓮ 配当期日

（任意で明け渡す場合）
↓
⓯ 明渡し完了

（任意で明け渡さない場合）
↓
⓰ 引渡し命令申立て
↓
⓱ 強制執行申立て
↓
⓲ 強制執行断行

＊1　期限の利益の喪失に至るまでの期間については、金融機関や自己破産など法的処置の実行などにより大きく変わります。なお、期限の利益については、後述します。

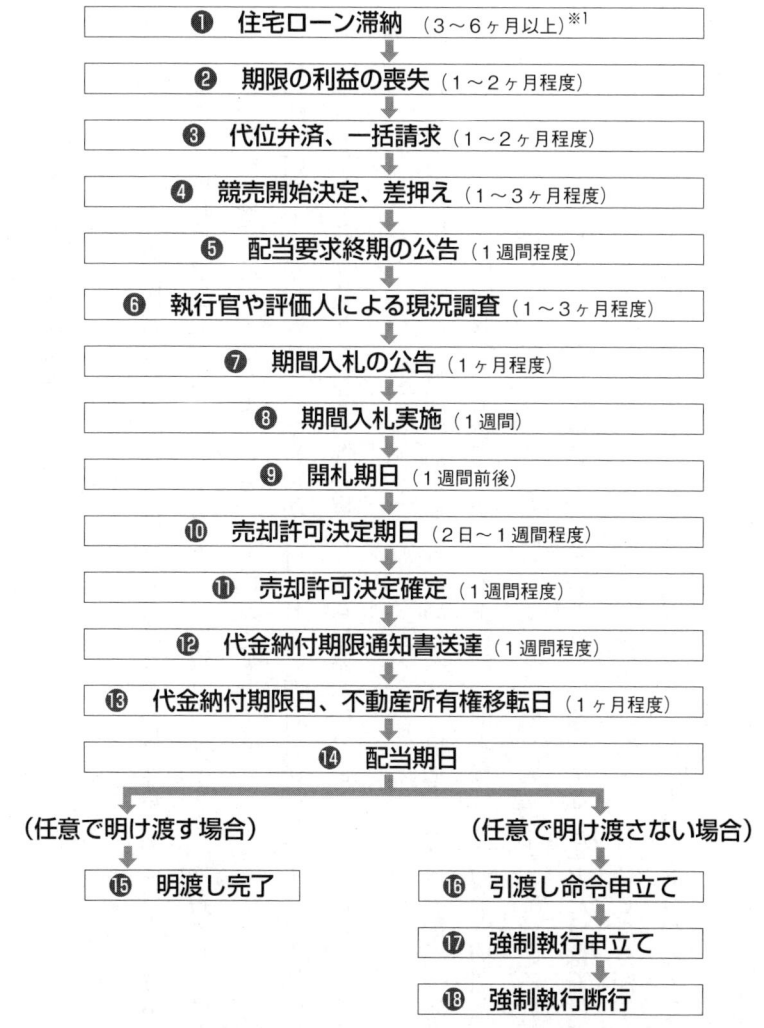

1 書面でやさしく督促

返済が滞ると、まずは債権者より書面が送付されてきます。「督促状」や「ローン返済についてのご連絡」「最終通告書」などといったタイトルこそ違う書面ですが、内容としてはどれも「ローンが滞納しているので払ってください」といったものです。

最初はお願い口調ですが、こういった書類が送付されても所有者が住宅ローンの支払いはもとより、債権者に対して連絡や応答すらない場合、さらに厳しい文言の書面が送られてくることになります。

債権者方の担当者によっては、督促の効果をより高めるべく、自宅や会社への電話や訪問を行う場合もあります。債権回収の担当者ですから、都市銀行や地方銀行などの金融機関といえども法的処置を含めた厳しい話をされることもあります。その際、場合によってはいろいろと思うことがあるかもしれませんが、債権者方の担当者とは言い争いになることだけは避けていただければと思います。言葉の行き違いなどによって、感情的なわだかまりやしこりが生じ、本来だったらできたはずの任意売却ができなくなる状況に陥ることも実際にあり得るのです。

●督促状サンプル

ローン返済についてのご連絡

東京都××区××-××-××

××　××　様

株式会社××銀行
××支店
担当：××
電話：03-××××-××××

記

貴殿が当行との間で平成×年×月×日に締結した金銭消費貸借契約による平成×年×月分におけるご返済が遅れております。
つきましては、至急延滞分のご返済を頂く様、ご案内申し上げます。

なお、ご返済が滞りますと、全国銀行個人信用情報センターに延滞情報が登録されます。更にそのままご返済がないと、銀行といたしましては、誠に不本意ながら、保証会社に対して代位弁済を請求することになります。

銀行が保証会社から代位弁済を受けた場合、お客様には、直ちに代位弁済額について保証会社に一括でお支払い頂く義務が生じるとともに、全国銀行個人信用情報センターへ代位弁済を受けた旨の登録がなされ、担保提供されている不動産については競売等に付されることになります。また団体信用生命保険に加入されているときは同保険から脱退されることになります。

すでにご入金またはご返済頂きました後に本状がお手元に届きました場合は、あしからずご了承下さい。

以上

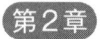

2 一括返済請求から競売突入へ

催告書や督促状が何度か送られてきても、それに何ら応えることなく、そのまま滞納分を支払わないでいると、今度は「期限の利益の喪失」を通知する書類が送付されます。滞納を続けていると「期限の利益」を喪失することになります。

●期限の利益の喪失

ここは法律用語が数多く出てきます。難しく思われる方は以下の概要だけ掴んでください。ローンの返済が止まると、お金を借りる契約（金消契約）に基づき、債権者は残金の一括返済を求めてきます。この一括返済を求められるタイミングが「期限の利益の喪失」です。以下、もう少し詳しく説明します。

「期限の利益」とはあまり聞き慣れない言葉かもしれませんが、住宅ローンを借りている上では非常に重大な言葉です。では、その「期限の利益」とは、いったいどういう意味なのでしょうか。これは、ローン返済期間中、債務者が毎月決められた返済額を支払うことで「残りの借入金はローンの借入期間一杯まで返済する必要ないですよ」という契約上の定めであり、お

●住宅ローンの返済ができている状態

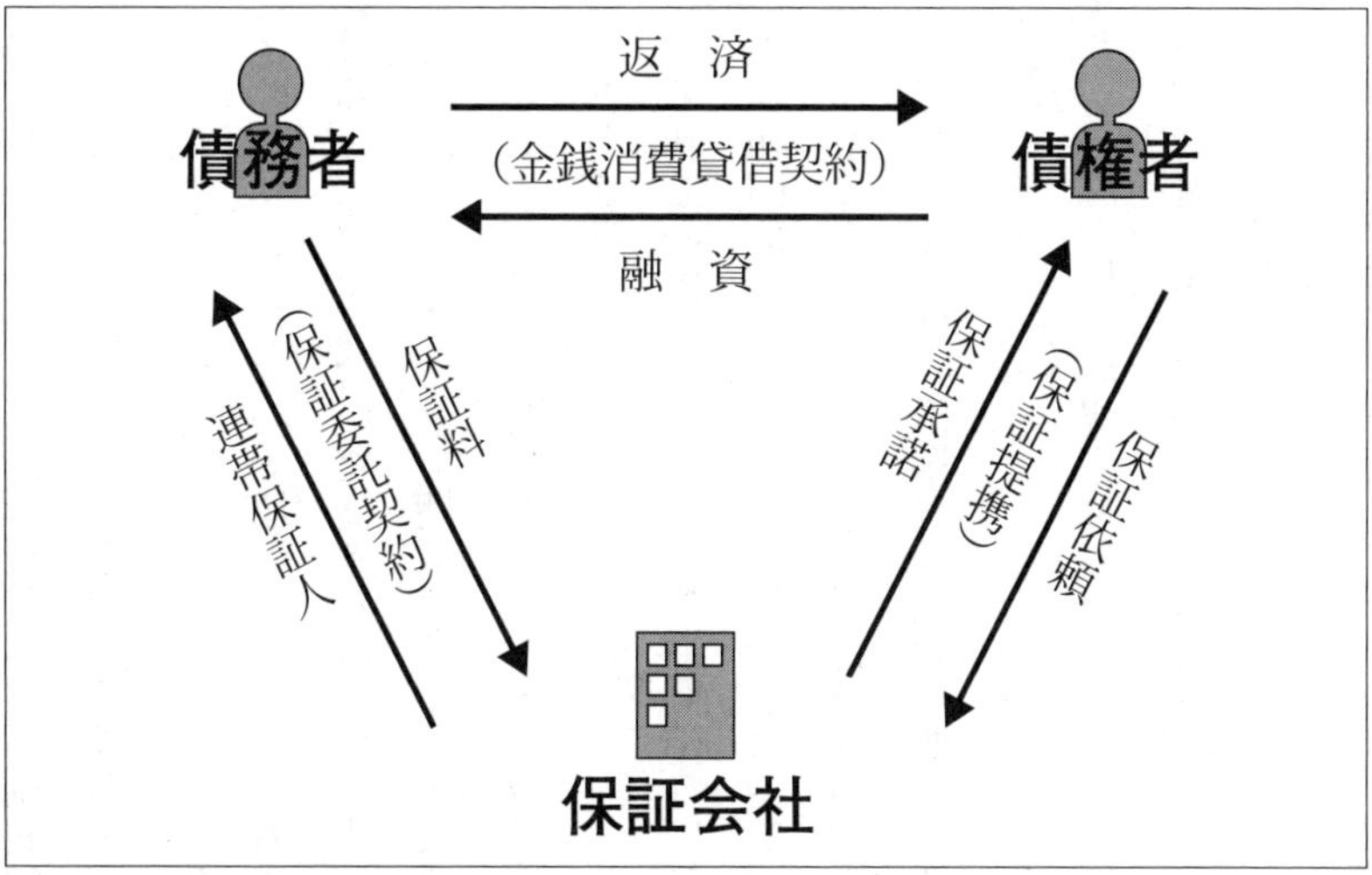

●住宅ローンの返済ができなくなると…

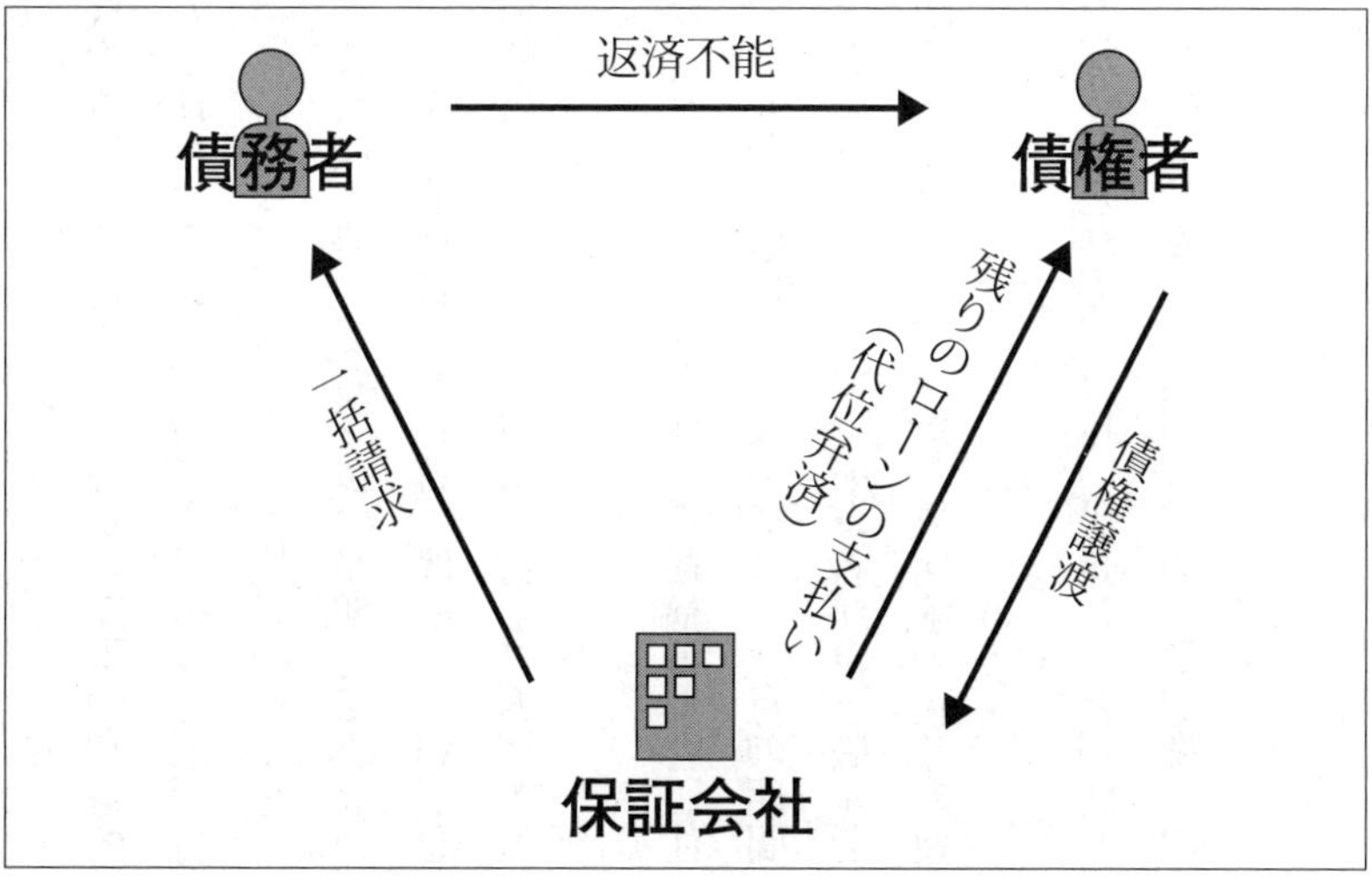

金を借りた方にとって当然の利益となる権利のことです。

しかしながら、住宅ローンを借りる際の契約（金銭消費貸借契約）には必ず「期限の利益の喪失」条項が設けられています。もしお金を借りた方が住宅ローンの滞納や自己破産などを行うことにより、ローンの支払いが止まった場合、債務者にいつまでも分割の支払いの利益を与え続けることはできないと債権者は考えます。要は、これ以上待っても支払いが期待できないと債権者が判断することで期限の利益は喪失されるのです。債務者（所有者）は期限の利益を喪失することにより、住宅ローンの残債務の全額を債権者に対してただちに一括して返済する必要があります。

期限の利益の喪失に至るまでの期間についてですが、たとえば住宅金融支援機構の場合、住宅ローン初回滞納時より6ヶ月以上となっています。ですが、債権者によっては6ヶ月の期間を待つことなく、3ヶ月以上の場合で通知が届くこともあります。なお、所有者が自己破産を申し立てたときには、債権者は上記の期間の猶予を認めることなく、ただちに期限の利益の喪失を通知します。

また、上記の期間の経過や自己破産など法的処置を行うことなく、支払いが難しいと判断することで期限の利益を喪失とする債権者もあります。この通知までの期間は、すべて債権者の胸三寸という部分が大きいです。

●催告書サンプル

東京都××区××-××-××

××　××　殿

催　告　書

平成×年×月×日付金銭消費貸借抵当権設定契約証書に基づく貸付金については、上記契約証書より下記貸付残元金の全部、並びに利息及び遅延損害金等を平成×年×月×日迄にお支払い下さるよう催告します。

上記期限迄にお支払いがない時は、やむを得ず法律上の手続きを取りますから予めご承知おき下さい。

残元金　　××××××円

平成×年×月×日

発信人　　東京都××区××-××-××
　　　　　独立行政法人住宅金融支援機構

上記代理人　　東京都××区××-××-××
　　　　　　　株式会社××銀行
　　　　　　　××センター　　　　　　　　印
　　　　　　　所長　××　××
　　　　　　　担当　××　　電話　03-××××-××××

●代位弁済（保証会社や保証協会による住宅ローンの肩代わり）

滞納が続くと債権者からの「期限の利益の喪失」（これ以上、待てないから残りの借金を一括で払ってください）の通知が届くことは前述したとおりです。さらにその後はどうなっていくのでしょうか。

次のステップとして、保証会社から「代位弁済に関する通知」という書面が送られてきます。住宅ローンを借りる際、債権者との間で締結する金銭消費貸借契約とは別に、大抵の場合、保証会社や保証協会との間で「保証委託契約」を締結しています。通常、住宅ローンを借りるときには、金融機関から所有者へ行う融資に対する連帯保証を、保証会社や保証協会へ依頼することが必須条件となっています（状況によっては、保証会社や保証協会以外に配偶者や親族への連帯保証が求められるケースもあります）。

この保証契約により、所有者が住宅ローンの滞納を行い、期限の利益を喪失した場合、保証会社や保証協会が所有者に代わって債権者へ借入金残高の全額を一括で支払います。これを「代位弁済」といいます。

当然のことではありますが、保証会社などが代位弁済したからといって、所有者の住宅ローンの債務が自動的に消えるわけではありません。住宅ローンの債権は金融機関より債務を肩代わりした保証会社へと代位され、保証会社が新たな債権者へと変わるだけなのです。

したがいまして、保証会社が金融機関に代位弁済した場合、所有者は保証会社などにより住宅ローンの残債務を一括して請求されます。また、手続きの流れとして、債権者より債権回収の委託を受けた債権回収会社（サービサー）（※1）から債権回収委託の通知書が届くケースもあります。

住宅ローンの滞納の場合、一般的には債権回収会社（サービサー）が債権回収の実務窓口になるケースが多いです。

※1　債権回収会社（サービサー）：「債権管理回収業に関する特別措置法」により、弁護士法の特例として、弁護士以外に金融債権の回収や管理の代行を業として行うことが認められている唯一の株式会社のこと。サービサーとも呼ばれる。大手金融機関系から独立系まで全国に幅広く存在する。平成23年10月現在92社が法務省の認可を受けている。

●保証債務履行通知及び催告書サンプル

平成×年×月×日

東京都××区××−××−××
××　××　殿

保証債務履行通知及び催告書

東京都××区××−××−××
××信用保証株式会社
代表取締役　××　××
担当　××

××　××　殿のお取引金融機関に対する債務不履行により、弊社は平成×年×月×日、同行に対し債務金額を弁済いたしました。
　つきましては、本書到着後ただちに下記債務を弁済下さいますよう請求いたします。

記

一、お取引金融機関　　株式会社××銀行
一、××　××　殿　債務金額
　　金××××××円也
一、債務金額に対し、弁済日の翌日より貴殿のご返済の日まで年14%の割合による遅延損害金

以上

●受託通知書サンプル

平成×年×月×日

東京都××区××-××-××
××　××　殿

株式会社××銀行　業務受託人
（法務大臣許可番号　第×号）
東京都××区××－××－××
××債権回収株式会社

受　託　通　知　書

弊社は「債権回収業に関する特別措置法（サービサー法）」に基づき、法務大臣の営業許可を受けて設立された債権管理回収会社です。

さて、貴殿が平成×年×月×日付金銭消費貸借契約書に基づき、社団法人××協会より借入れ、××保証株式会社が平成×年×月×日に代位弁済した求償債権は同日、株式会社××銀行に譲渡されました。

この求償債権につきまして、弊社は今般、株式会社××銀行より管理回収に関わる業務を受託いたしましたので本書にてご通知申し上げます。

なお、本件に係る弊社のお問い合わせ窓口は以下のとおりとなりますので、ご不明な点がございましたら遠慮なくご遠慮下さい。

また、今後弊社担当者より連絡させていただくこともございますので、ご承知おき下さい。

記

担当部署並びに担当者　　東京都××区××-××-××
××債権回収株式会社　　××部
担当者　××
電話　03-××××-××××

以上

3 競売の流れ

●競売開始決定

不動産に抵当権を設定した金融機関もしくは代位弁済した保証会社は、裁判所に不動産競売を申し立てます。これが一連の競売手続きの第一歩となります。

不動産競売の申立て後、所有者の手元に「不動産競売開始決定」という裁判所からの通知書が特別送達（※1）で届きます。競売開始決定とは、その言葉のとおり、不動産競売が開始される（競売手続きが着手される）旨を告げる、裁判所からのお知らせのことです。

なお、競売を申し立てた後であっても、債権者は裁判所に対して競売開札期日の前日までであれば、競売手続きを取り下げることが可能です。

実務としては任意売却と競売手続きが平行して行われるケースも多々ありますが、競売手続きの取下げに応じず、事実上、任意売却を認めないという会社もありますので注意が必要です。また、任意売却を行うことを認めたとしても、競売手続きを申し立てた際にかかる諸費用を事前に債権者に支払うことを任意売却の条件にするところもあります。この費用については、数十万円から百万円を超えることもありますので、実質的に任意売却が不可能となることもあり得ます。

また、開札期日の直前になると、債権者の社内的な稟議の都合上、時間的に取下げに応じることができない可能性が非常に高くなります。

これらの状況を踏まえて考えますと、任意売却を行うのならば、早め早めの段階で行うことが肝心です。

※1 特別送達：裁判所などから関係人に訴訟や手続きなどの重要書類を送付する際に利用される特殊な送達方法のこと。

●競売になったことが掲示される（配当要求終期の公告）

競売開始決定がなされた不動産と所有者名を裁判所の掲示板に掲載することで公告し、他に当該所有者に対して無担保債権（不動産に抵当権などをつけていない、すなわち担保をとっていない債権のこと）を持っていれば、裁判所にその旨を申し出てくださいと告知する手続きを「配当要求終期の公告」といいます。

競売により不動産が売却された場合、裁判所が妥当と認める債権者であれば、無担保債権であっても、抵当権など担保権を設定している債権者などが債権回収した後に売却代金が残っていれば、そこから配分を受けられる可能性があります。なお、すべての債権金額より売却代金の方が多ければ、残りは余剰金として所有者のもとに返還されます。

●競売開始決定通知書サンプル

平成×年（ケ）第×××号

担　保　不　動　産　競　売　開　始　決　定

当事者 担保権 被担保債権 請求債権	別紙目録のとおり 別紙目録のとおり

債権者の申立てにより，上記請求債権の弁済に充てるため，別紙担保権目録記載の担保権に基づき，別紙物件目録記載の不動産について，担保不動産競売手続を開始し，債権者のためにこれを差し押さえる。

平成×年×月×日

××地方裁判所民事第×部
裁判官　××　××

配当要求終期の公告は裁判所に掲示されますが、それを見るのは債権者だけではありません。不動産業者をはじめとする、様々な立場の人がこの情報を見ているのです。競売にかけられた不動産の所有者のところに数多くの不動産業者などが「任意売却を行いませんか？」と訪問や電話、ダイレクトメールを送るのは、この配当要求終期の公告を見て営業活動を行っているからです。

競売申立て後に当社に相談をしにいらっしゃるお客様の話によりますと、不動産業者以外にも、高利の貸金業者や経営コンサルタントを名乗る人物等様々なジャンルから営業や競売の救済のアプローチがあるようです。なかには悪意をもって接触しようとする人間もいるようですので、対応には十分に留意ください。特に常識的に考えておかしな、おいしい話を持ってくる人には注意してください。

最近では、裁判所の執行官が調査時に「配当要求終期の公告」後の様々なアプローチに気を付けるようにと注意するケースもあると聞きます。それだけ詐欺まがいのアプローチが多いようです。

●裁判所の執行官や評価人による現況調査

債権者からの競売の申立てにより競売の手続きが開始されると、裁判所の裁判官はそこに所属する執行官と呼ばれる不動産競売実務を担当する専門官に現況調査を行うよう命令を下します。

その現況調査が行われる時期については、執行官の人数による処理件数能力や競売件数によって大きく左右されます。早くて競売開始決定から1ヶ月程度以内、遅くとも3ヶ月程度以内には裁判所の裁判官から調査命令を受けた執行官と評価人（不動産鑑定士）が競売不動産の調査をすべく自宅に訪問してきます。

執行官は物件調査に関して国家権力を持って行動しますので、国家権力の及ばない治外法権が認められる地域や入れないほど物であふれており物理的に入室できない、もしくは人道的に特別な配慮が必要な状況であるといったことがない限り、所有者やその家族や賃借人などのそこに住む人たちは、執行官の室内立ち入りを根拠なく拒むことはできません。

もし所有者が鍵をかけて居留守を使ったり、任意での執行官の立ち入りを拒否したとしても、執行官は現地調査を敢行すべく鍵屋さんを呼んできてドアの鍵を開けることができます。事実、競売の資料を読んでいると、多くは鍵屋さんに解錠させ入室しています。これが国家権力です。そして室内に立ち入った上で調査や写真撮影、関係者への聴取を行います。仮に所有者やその関係人より実力行使で現地調査が妨害されたり、その可能性が想定される場合、妨害を排除すべく警察官の支援を求めることもありますし、それでも妨害を試みた人間は公務執行妨害の対象になります。

このようにして強制力をもって不動産の調査を行った執行官と評価人は、現地調査や法務局や役所などへの調査に基づき、それぞれ「現況調査報告書」（※1）と「評価書」（※2）を作成します。この報告書には、室内の写真や間取り図、使用状況、所有者（債務者）などの陳述が事細かく記載され、後々にインターネットなどで広く公開されることになります。また競売代行業者は、この資料を基にして競売物件の告知チラシを作成し、自宅の近隣に営業をして集客するケースもあります。

※1　現況調査報告書：執行官が作成する調査資料で、主に調査時点での不動産の占有者（その不動産を利用している人のこと）の状況や権利関係がわかる書類です。裁判所はこちらの書類を材料にして、占有者が誰で、その占有権原（所有権や賃借権、無償での利用、無権限での利用など）が何かを判断します。

※2　評価書：評価人（不動産鑑定士）が作成する調査資料で、主に不動産の概要や競売における資産的価値が記載された書類です。当該競売物件の不動産的価値の根拠となるものです。裁判所はこの書類を基にして、売却するにあたっての基準となる金額を判断します。

●競売入札の告知（期間入札の公告）

裁判所による現況調査が終わり、数ケ月経過すると実際に競売入札の本番となります。

競売は一定期間の告知の後、入札期間を設けて入札を募り、開札日に誰が一番高い価格で落札したかがわかる流れになります。この一連の流れを「期間入札」といいます。

競売の期間入札にかけられる不動産については、入札期間が始まる期日の2週間前までに裁判所の掲示場もしくは庁舎内の掲示板に期間入札の公告が出されます。期間入札の公告後、広く一般から競売参加者を募るために裁判所は入札検討のための資料を閲覧室などに設置して、入札希望者が自由に閲覧できるようにします。

それらが、前述した「現況調査報告書」「評価書」そして「物件明細書」（※1）の三つの資料です。業界では、いわゆる「三点セット」と呼ばれています。

一昔前まではこれらの資料を入手するためには、裁判所にいくか、もしくは競売情報を取り扱う専門の情報業者から手に入れるくらいしか方法はなかったのですが、昨今では裁判所の運営しているWEBサイト「不動産競売物件情報サイト」（http://bit.sikkou.jp/ 略して「BIT」と呼ぶ）で公開され、誰でも閲覧できるようになりました。

インターネットでの情報公開により、以前より増して競売入札参加者は大幅に増加しました。ですが、情報公開が容易になることによって、購入する側にとっては便利になった反面、競売にかかってしまった方にとっては、近隣にも自宅が競売にかかっているということが容易にわかってしまうという、非常に厳しい現実が待ち受けることになってしまったのです。

※1　物件明細書：裁判所書記官が作成する書類で、執行官作成の「現況調査報告書」と評価人作成の「評

価書」などを基にして、その不動産の表示や買受人が引き受けるであろう権利関係などの概要を記載した書類のこと。いわゆる三点セットのうち、一番の核となる書類である。

●競売の入札（期間入札）

期間入札の公告の後に実際の期間入札が開始されます。東京地方裁判所の場合、期間入札の期間は1週間とされ、その間に入札書を裁判所の執行官室に届ける必要があります。期間入札は執行官が執り行います。

入札書に記載する金額ですが、特別な事情がない限り、売却基準価額（※1）ではなく買受可能価額（※2）以上の金額であれば、入札に参加することができます。

入札の際は、物件ごとに決められた保証金（基本的には売却基準価額の20％の金額となります）を納める必要があります。

入札時の書類に不備や不足があったり、保証金の入金が期間内に間に合わなかった場合は、入札書を執行官室に提出したとしても、その入札は無効になります。

なお、債務者が入札に参加し、仮に落札しても後述する売却許可決定の段階で無効となります。この場合、事前に納めていた保証金はすべて没収されます。債務者ではなく、連帯保証人や保証人になったがゆえに自宅が不動産競売になった所有者の方の場合は、債務者ではありませんので無効にはなりません。

※1　売却基準価額：裁判所が設定する競売物件の入札金額のラインのこと。ただし、入札の最低ラインではない。入札の際に必要となる保証金は基本的に売却基準価額の20％の金額となっているが、物件によってはそれ以上の保証金が設定されていることもある。

※2　買受可能価額：基本的に売却基準価額の8割の金額で、この金額以上であれば、入札参加が認められる。２００５年（平成17年）の改正民事執行法施行までは最低売却価額と呼ばれていた。

●開札期日

開札日において、執行官は入札期間中に入札をした中で一番高い金額を提示した人を落札者（最高価買受申出人）として認めます。

入札者がいない物件については、特別売却という方法によって買受人を集います。方法としては、買受可能価額以上の金額であれば、早い者勝ちで欲しい人に売却するという流れになります。東京地裁の場合ですと、開札期日翌日より特別売却期間が始まります。

落札できなかった方の保証金は、各入札者の銀行口座に返金されます。

●裁判所の許可（売却許可決定期日および売却許可決定確定）

売却許可決定期日とは、裁判所が定めた落札者に対して、その不動産の売却を許可するかどうか決定を下す裁判手続きの期日です。

裁判手続きといっても所有者や買受人が裁判所に出頭する必要はありません。通常は売却許可決定が出されますが、欠格事由があると不許可決定が下されることもあります。

売却不許可決定になる理由としては、前述しましたように、たとえば当該不動産の所有者兼債務者であるとか、以前、同じ物件を落札して落札代金を納めなかったりとかということです。要するに、競売妨害もしくはそれに接触する行為を行う人間には売却を認めないということです。

裁判所の売却許可決定に対して、何らかの不服のある利害関係人（所有者や賃借人など）がいる場合、その人は異議（執行抗告）（※1）を申し立てることができます。

執行抗告の期間は1週間と定められ、その期間内に誰からも執行抗告の申立てがない場合、売却許可決定は確定します

※1　執行抗告：民事執行法上の抗告で、たとえば売却許可許可決定や売却不許可決定、引渡し命令など民事執行の手続きに関する裁判に対して執行裁判所（この場合、地方裁判所）が下した決定に対して、特別の定めがある場合に限り、裁判の告知を受けてから1週間以内であれば執行裁判所の上級審（この場合、高等裁判所）に対して、審理するよう求めることができる。執行抗告の審理は上級審が行うが、申立て自体は執行裁判所に対して行う。申立ての内容によっては、執行裁判所で申立てが原審却下される場合もある。

●売却許可決定サンプル

平成×年（ケ）第×号

売　却　許　可　決　定

東京都××区××－××－××
××株式会社

上記の者は，別紙物件目録記載の不動産について

金×××××××円

の額で最高価買受けの申出をしたので，売却を許可する。

平成×年×月×日

××地方裁判所民事第×部
裁判官　××　××

●残金の支払期日（代金納付期限通知書）

「○月○日までに落札金額の残金を支払ってください」という裁判所からの通知書が届きます。この通知書を「代金納付期限通知書」と呼びます。そして落札物件の残代金を支払う日を代金納付日といいます。代金納付期限通知書は買受人にのみ送付されます。

もし、所有者がどこの誰が自宅を落札したのかを知りたい場合は、身分証明書と印鑑持参で利害関係人である本人か委任状を持った代理人（家族や弁護士）が裁判所に出向き、事件記録の閲覧をすることが必要となります。ちなみに、電話だと落札金額は教えてくれますが、本人確認ができないため、落札者の個人名や法人名は開示してくれない裁判所が多いです。

東京地方裁判所の場合、この通知書が到着してから、おおよそ1ヶ月後が代金納付期日として定められています。ちなみに、代金納付日を前倒しすることはできますが、代金納付最終日を後倒しすることはできません。

●代金納付期限日（所有権移転日）

裁判所により定められた代金納付期限日までに落札代金や登録免許税などを納付することによって、所有権は買受人に移転することになります。この日より先は、新所有者となる買受人との間に何らかの合意がない状態で家に居続けると最悪の場合、強制執行により退去させられることになり、その上、執行費用や家賃相当額の損害賠償金などを請求される可能性もあります。

●競売売却代金の配分（配当期日）

競売の売却代金を裁判所が各債権者に配分します。その期日を「配当期日」といいます。債務者には、その期日を知らせる「配当期日呼出状」が裁判所から届きます。

不動産の売却代金が債権金額よりも上回っている場合は、剰余金として債務者に配分されることになりますが、各債権者の債権金額には元本と利息の他に遅延損害金も含まれますので、もともとの債務の金額が低いか、よほど高額で落札されない限り、余剰金が発生する可能性は低いと思われます。

なお、呼出状といっても、所有者にしても買受人にしても、裁判所に実際に出頭する必要はありません。

●競売での立退き

競売の場合、開札日以降、新しい所有者になる買受人から立退きのアプローチがあります。法的には代金納付日（所有権移転日）以降は新所有者のものになりますので、新所有者の合意がなければ住むことはできません。ここで話し合いがまとまらないと1～2ヶ月後には強制執行が行われ、強制的に立ち退くことになります。まさに、無一文で放り出される状態です。ま

●配当期日呼出状サンプル

平成×年（ケ）第×号

配　当　期　日　呼　出　状

平成×年×月×日

××地方裁判所民事第×部
裁判所書記官　××　××

当事者　　　　別紙目録のとおり

別紙目録記載の不動産に対する上記当事者間の担保不動産競売事件について，配当期日が下記のとおり指定されたので，期日に当裁判所に出頭してください。

記

平成×年×月×日　午後×時×分

売却代金　　　金××××××円
代金納付日　　平成×年×月×日

た買受人の中には、その後においても強制執行にかかった費用や所有権移転後の家賃相当額を請求してくるところもあるようです。

住宅ローンを滞納した後、何もしなければ確実に競売の申立て手続きが行われ、しかも最悪の状況としては強制執行にて明渡しがされるということは、この項にてご理解いただけたと思います。

任意売却をするための一連の流れについては、次章でお話ししていきましょう。

第3章
ストップ競売！
それが任意売却

第3章では、私どもレフォルマが住宅ローンの返済にお悩みの方からのお問い合わせを受けてから実際に任意売却を行い、新たなスタートを切っていただくまでの一連の流れを詳しく見ていきます。

任意売却の流れ

まず、最初に任意売却の流れを概観してみましょう。

●任意売却の流れ

❶ 事前相談

↓

❷ 不動産価格査定

↓

❸ 媒介契約締結

↓

❹ 債権者との販売価格の交渉

↓

❺ 販売活動

↓

❻ 配分案作成、抵当権などの抹消承認

↓

❼ 売買契約

↓

❽ 引っ越し

↓

❾ 決済　完了

まずは電話で相談

ちょっとだけ勇気を出して相談してください

競売で自宅を失う方の多くは、

「相談する人がいなかった」

「相談する勇気がなかった」というケースが多いです。


これだけは覚えておいていただきたいのは、

「気軽に相談する人はいます」ということです。

競売で自宅を失う方と任意売却で新しいスタートをされる方の違いは、相談できる会社の存在を知らないことが大きな原因かもしれません。


「住宅ローンが支払えなくなったのですが……」

「今月、住宅ローンを支払うのが難しい」

「連帯保証人なので借金を肩代わりしなければならない」

「借金の督促が自宅や職場まできて、辛いのですが……」

私どもレフォルマには、そのような皆様からの相談が多数届いております。

こういった借り入れたお金の返済が滞ってしまったり、もしくは返済の見通しが立たなくなるといった話を見ず知らずの第三者に相談することはとても勇気のいることです。

恥ずかしさもそうですが、将来が見えないことへの不安、疑念、困惑、焦燥が渦巻き、多くの方が心の中で葛藤されております。中には夜も寝られぬほどの苦しみを通り越して、何もかも諦めてしまい、自暴自棄になってしまう方も多いです。

ですが、これだけは知っていただければと思います。

住宅ローンの返済に困り、悩み苦しんでいらっしゃる方はこんな世の中ですから多数いらっしゃいます。ですから、ご自分ひとりだけに降りかかった問題とは決して思わないでいただければと思います。

それに確かに苦しい状況でしょうが、たとえ住宅ローンを滞納したとしても、場合によっては、最悪の状況を引き起こすきっかけとなり得る競売を回避することができるのです。

実際、競売で家を手放した多くの方もおっしゃっていたのが、競売によって家を強制的に取られるという心理的な圧迫感は相当大きなものだということです。

そんな最悪の状況にならないためにも、競売を阻止するためにも、不安とか恥ずかしいなどのネガティブな気持ちを抑える勇気を持ってください。

まずは、ほんのちょっとの勇気を出して相談をすること。それこそ、最悪の状況を回避し、大切な家族を、そして自分自身を守るための大いなる第一歩となり得るのです。

もし住宅ローンの返済について、不安を覚えたり、支払うことが難しい状態になっていて、なおかつ、そういったお金にかかわる心配事を相談できる先がない方は、私どもレフォルマに相談ください。住宅ローンの返済問題について詳しい担当スタッフが、相談者のお悩みを親身になって真剣にお伺いし、ベストな選択肢をご提案します。

もちろん、お客様からの信頼第一で仕事をしておりますので、守秘義務は厳守しますし、相談については一切無料となっておりますので、ご安心ください。

相談者の方を見ていますと、住宅ローン問題の専門家と話をするだけでも気持ちが楽になっていただけるようです。

レフォルマ任意売却センター
フリーダイヤル　０１２０－２８１－８６４（ニンバイ　ヤロウヨ）

住宅ローンの返済問題で命までは取られません

任意売却の専門家である私どもの住宅ローン問題相談窓口には、日夜、様々なご相談が寄せられます。数多くの相談を受けるなか、ときには、このようなことを相談者より伝えられることもあります。

「苦しいので、もう死にたいです」

「自殺を考えています」

たしかに心が折れるほど苦しく、夜も寝られないほど悩んでいらっしゃることでしょう。もしかしたら、今、そしてこれから何をどうすればよいのかすらわからず、ひどい混乱の最中にいるのかもしれません。マイナスなことを考えていると、どんどんと深みにはまり、マイナス思考のスパイラルに陥ることもあるでしょう。

ですが、これだけははっきりと申し上げることができます。たとえ住宅ローンを返せなかったとしても、この世で一番大切な命までは取られません。お金の問題であれば、必ずやり直すことができます。新たなスタートを切ることができるのです。

何度も言いますが、まずは信頼のできる誰かに相談してください。自分ひとりだけで悩まないでください。

もし、信頼できる人が誰もいないというのであれば、私ども住宅ローン返済問題の専門家であるレフォルマにご連絡ください。

事前相談や面談は、できれば所有者本人が対応するのがいいです

任意売却を行うか行わないか、そして行うにしてもどこの任意売却専門業者に任せるかについては、所有者本人が意思決定することです。

その判断材料にするためにも、事前相談や対面での面談は、代理人ではなく、できれば当事者である所有者本人が直接行う方がいいでしょう。

実際に任意売却の実務担当者がどういった方向性で任意売却を行ってくれ、またアフターフォローはどうなっているのか、その他の疑問質問に対してどう答え、そして何よりその会社なり担当者が信頼できるか否かを、ご自身の目と耳でしっかりと見聞きすることで、よりよい判断ができるからです。

とはいえ、仕事や出張、単身赴任などの関係により、動くことが難しいかもしれません。その際は、あらかじめ考えを共有した上で、その自宅に住まれているご家族の方に対応していただくのがいいかと思います。

相談の際は、状況すべてをお話しください

電話やメールでの事前相談や対面面談の際、任意売却専門業者から尋ねられる事項は多岐にわたります。個人情報を多分に含みますので、答えにくい部分があるかもしれませんが、情報が足りませんと、専門家の具体的な説明やベストな提案が聞き出せない可能性があります。ここはしっかりとお話しする方がよいと思います。

もちろん個人情報が漏洩しないように、不動産業者（宅地建物取引業者）やその会社の従業員には、宅地建物取引業法によって、その業務を取り扱った上で知り得た秘密を他に漏らしてはならないという義務、いわゆる「守秘義務」が課せられています。

もし電話相談の段階で、一般的な話が聞きたいということでしたら、匿名でもかまわないかもしれませんが、実際に会って話を聞く段においては、言いにくいことがあっても、包み隠さずすべての話をした方がよいと思います。すべての話を伺うことによって、任意売却専門業者は相談者が今後進むべき明確な指針を打ち立てることができますし、また後々になって、隠していた話があったがために、任意売却が困難になるケースもあります。そのような事態を引き起こさないためにも、しっかりとお話しされた方がよいでしょう。

相談の際に伝えること（チェックリスト）

任意売却専門業者に相談をする際、相手から尋ねられる事項は次のとおりです。相談前の段階において、ご自身の中でも、しっかり把握されておくのがよろしいかと思います。チェックリスト形式で記載しますので、質問されたときに失念したり抜け落ちたりしないように、前もって箇条書きしておくことをおすすめします。

なお、不動産については、所有者本人でもわからない部分があるかもしれませんので、その場合は、不明という答えで大丈夫です。

●任意売却専門業者に相談をする際のチェックリスト

❶　現在の自宅の状況に関する事項

1．自宅の住所（住居表示）、地番、家屋番号は何番ですか？
2．相談者が所有者本人なのか、それ以外ですか？
　また所有者は単独名義か、もしくは共同名義ですか？
3．自宅の使用状況はどうなっていますか？

❷　現在の滞納状況に関する事項

1．今現在、住宅ローンの支払いをしているのか、止めていますか？
　住宅ローンの支払いを滞納している場合、何ヶ月滞納していますか？
　また差押え登記はされていますか？
2．自宅に抵当権や根抵当権設定をしている債権者は何社ありますか？
　また連絡先はわかりますか？
3．現在の住宅ローンの月額金額（月額均等かボーナス併用か）と住宅ローンの残債務金額はいくらですか？
　また相談者（単独と世帯全体）のおおよその月額収入と月額支出はいくらですか？
4．住宅ローン以外の債務はありますか？
5．税金関係の滞納金はありますか？
6．【マンションの場合】管理費や修繕積立金、その他の共益費はいくらですか？
　管理費や修繕積立金などの滞納金はありますか？

❸　連帯保証人に関する事項

1．住宅ローンを組むにあたって、連帯保証人を立てましたか？

❹　不動産に関する事項

1．土地（敷地）と道路との関係はどうなっていますか？
2．建物のコンディションはどうなっていますか？
　増築、改築などはされていますか？
3．近隣との関係はどうですか？
　何らかの紛争は起きていますか？

1 現在の自宅の状況に関する事項

1．自宅の住所（住居表示）、地番、家屋番号は何番ですか？

（解説）

住所（住居表示）と地番の違いですが、住所（住居表示）とは、一般的に利用されている自宅がある場所のことです。それに対して、地番とは法務局（登記所）が自宅の土地に付けた番号のことです。登記の状況によっては、自宅の土地が複数に分かれているかもしれません。ただし、住居表示制度が整えられていない地域では、住所と地番が一致していることもあります。

また、家屋番号とは、地番と同じく、法務局（登記所）が付した自宅建物の番号のことです。住所（住居表示）はすぐにでもわかるでしょうが、地番や家屋番号は日常生活で使わないため、なかなか馴染みはないと思います。これを確認するには不動産の権利証（権利済証）や登記事項証明書（謄本）を見てみましょう。

2．相談者が所有者本人なのか、それ以外ですか？ また、所有者は単独名義か、もしくは共同名義ですか？

（解説）

相談者が自宅不動産の所有者なのか、それとも所有者の配偶者やその親族なのかなど、どの立場なのかについては、真っ先に聞かれることと思います。また、自宅不動産の名義について、複数名義であるか否かについても尋ねられます。もし複数名の共同名義になっていて、そのうちの一人でも売却について協力が得られない場合、任意売却の成立は難しくなります。

仮に相談者本人が１００分の99の共有持ち分を所有して、任意売却を希望していたとしても、１００分の1の共有者が反対した場合、１００分の１００（所有権すべて）の売買ができず、結果として任意売却は成立しません。

当事者同士ですとどうしても利害関係や感情論が絡んでいることが多いので、なかなか難しいところがあるかもしれませんが、任意売却専門業者のような第三者が間に入って話をすることで、売却の糸口をつかめることもあります。

3．自宅の使用状況はどうなっていますか？

（解説）

自宅に居住中なのか、空き室なのか。それとも賃借人に貸しているのか。

実際にどこの誰が住んでいるかは非常に重要です。所有者でもある相談者本人やその家族であれば自宅の引渡しに関して問題はないでしょうが、賃借人であったり、身内であって感情的になっている方が住んでいるケースですと、物件案内（内見）や引渡しの協力が得られないこともあり、任意売却の難易度は相当あがります。

この場合であっても、第三者（任意売却専門業者）が間に入ることによって、丸く収まることもあります。

また、賃借人が住んでいる場合、賃貸借期間や家賃、敷金、更新状況、滞納状況といった情報も必要です。

2 現在の滞納状況に関する事項

1．今現在、住宅ローンの支払いをしているのか、止めていますか？　住宅ローンの支払いを滞納している場合、何ヶ月滞納していますか？　また、差押え登記はされていますか？

（解説）

住宅ローンの支払い滞納状況によっては、急を要する場合もあります。たとえば、すでに債権者が競売の申立て（差押え登記）をしている、なおかつ、期間入札までの期限が残り間もないということですと、時間的にかなりタイトになってきます。

そういった状況を防ぐためにも、住宅ローンの支払いが苦しくなった早め早めの段階で相談されるのが一番よいかと思います。

2．自宅に抵当権や根抵当権設定をしている債権者は何社ありますか？　また、連絡先はわかりますか？

（解説）

住宅ローンを借りる際、自宅不動産に抵当権や根抵当権などの担保権設定登記がされています。その担保権登記を行っている債権者が何社あるかをご確認ください。仮に住宅ローンでなく、たとえば事業や個人消費のためにお金を借りた場合であっても、抵当権設定がなされている場合はお伝えください。

不明な場合、お手元に債権者からの通知書や自宅の不動産登記事項証明書（法務局で取得できる資料です）があれば、そちらをご確認ください。もしなければ、所在地と家屋番号（自宅の権利書などに記載されています）をお伝えください。

3．現在の住宅ローンの月額金額（月額均等かボーナス併用か）と住宅ローンの残債務金額はいくらですか？　また、相談者（単独と世帯全体）のおおよその月額収入と月額支出はいくらですか？

（解説）

任意売却専門業者にとって、相談者（世帯全体も含めて）の現段階の実質収入と支出を把握することも肝心です。

4．住宅ローン以外の債務はありますか？

（解説）

住宅ローン以外の債務としては、消費者金融やマイカーローン、カードローンなどの無担保での借入れが挙げられます。

これらの返済金額と支払い用途を考慮し、今後の返済における支払い優先度を整理します。

5．税金関係の滞納金はありますか？

（解説）

特に税金関係（固定資産税、都市計画税、都道府県税、市民税、国民健康保険料など）の滞納を続けますと、自宅に差押え登記がなされる可能性があります。差押え登記を外さなければ任意売却はできません。役所によっては差押えを外すためのハードルが非常に高いところもありますので注意が必要です。

6．【マンションの場合】管理費や修繕積立金、その他の共益費はいくらですか？　管理費や修繕積立金などの滞納金はありますか？

（解説）

マンションの場合、管理費や修繕積立金といったマンション全体の運営や修繕にかかる費用が徴収されています。それ以外にも駐車場使用料や駐輪場使用料、専用庭使用料、ルーフバルコニー使用料、トランクルーム利用料といったように、マンションの共用部分を専用使用する場合には共益費がかかります。滞納している場合、滞納金額と期間、遅延損害金が付加されているのかもあわせてお知らせください。

また、直近の管理組合の総会議事録に、管理費や修繕積立金などの値上げ予定や大規模修繕工事の予定などがあるかもチェックしてください。

管理費と修繕積立金は、建物の区分所有等に関する法律（区分所有法）により、滞納金については新たな所有者に継承義務が生じます。この管理費などの滞納金の問題が解決されないと不動産の売却は困難であろうと債権者は考えます。

その関係上、債権者もこれらの費用について、任意売却を行った際の売買代金の金額から全額控除を認める場合もありますが、住宅金融支援機構をはじめとする債権者の中には、管理費と修繕積立金の元本については控除するものの、それ以外の共益費やそれらに伴う遅延損害金については、控除を認めないこともありますので注意が必要です。

3 連帯保証人に関する事項

1．住宅ローンを組むにあたって、連帯保証人を立てましたか？

（解説）

住宅ローンを組む際に、保証会社や保証協会との間で保証委託契約を締結していることと思いますが、それ以外にたとえば、配偶者やその親族、親戚、知人に、連帯保証人になるようお願いしているかどうかです。

住宅ローンの返済をやめた場合、その返済については、お金を借りた当人だけではなく、連帯保証人にも返済義務が課せられます。連帯保証人になってくれた方には迷惑がかかりますし、その方には非常に言いにくい話かもしれませんが、その被害を最小限に食い止めるためにも、連帯保証人がいるかいないかについては、伝えた方がよいと思います。

なお、「連帯保証人」と「保証人」は、その持つ権利が異なります。住宅ローンを組む際に求められる保証人といえば、単なる「保証人」ではなく、そのほとんどが「連帯保証人」に他なりません。

4 不動産に関する事項

1．土地（敷地）と道路との関係はどうなっていますか？

（解説）

自宅がマンションの一室であれば特に問題がないでしょうが、戸建の場合、土地（敷地）と道路との関係は非常に重要です。

建築基準法によりますと、4メートル以上の幅の道路に2メートル以上の間口で道路に接していなければ、建物を建築することができません。この条件を最低限満たしていませんと、状況によっては、「再建築不可物件」といいまして、建て直しができない不動産であると認定されます。再建築不可物件ですと、不動産の資産価値は大きく下がりますし、近隣の不動産相場と比較してよほど安くなければ売却することが難しくなります。

2．建物のコンディションはどうなっていますか？　増築、改築などはされていますか？

（解説）

室内の状況について、たとえば、キッチンや風呂、洗面台などの設備が壊れているだとか、天井や壁のクロスなどがたばこの煙や落書きなどで汚れているだとか。あるいはペットを飼育しているので、ペット臭がするだとか。細かい話に聞こえるかもしれませんが、そういった室内の状況についても伝えた方がいいでしょう。

また、過去に増築や改築を行った場合には、建築基準法に違反した違法建築となっていることもありますし、売買にあたっては増築登記を行う必要も出てきます。

3．近隣との関係はどうですか？　何らかの紛争は起きていますか？

（解説）

越境など境界線についての問題など、特に敷地に関してもめごとがある場合、早々に対策を打つ方がよろしいでしょう。当事者同士でありますと何かと角が立つケースが多いので、第三者が間に入って話し合いを行った方が円満解決する可能性が高くなると思われます。

面談の際に必要な書類など（チェックリスト）

1. 銀行、裁判所に関する資料（返済予定表、督促状、裁判所の通知等）
2. 自宅に関する資料（売買契約書、重要事項説明書、図面など購入時の資料一式）
3. 認印

なければ相談ができないわけではないですが、あった方がスムーズに話を進めることができるでしょう。特に戸建の場合は、特殊なケースが見受けられることも多いので、各種資料があった方がより的確な対応ができます。資料は大きく分けて、銀行、裁判所に関する資料とご自宅に関する資料の二つに分類できます。

1）銀行、裁判所に関する資料

1. 相談者（所有者）の身分証明書
2. 住宅ローンの返済予定が記載された書面
3. 債権者から送付された督促状や通知書

2）ご自宅に関する資料

1. 販売時のパンフレット（間取図、物件概要等）
2. 権利書（登記済証）もしくは登記識別情報のコピー
3. 不動産の登記事項証明書（謄本）公図、地積測量図、建物図面
4. 固定資産税・都市計画税の納税通知書
5. 不動産購入時の売買契約書、重要事項説明書
6. 写真（外観、室内、対象不動産と道路の関係がわかる物）

相場価格の査定

任意売却専門業者が相談を受けた際、まず行うのが自宅不動産の価格査定です。価格査定とは、近隣の売出し事例、成約事例、路線価格などを参考にして、エリアに対する購買層のニーズを踏まえ、自宅の土地建物が実際にいくらで売れるのかを予測することです。不動産業者（宅地建物取引業者）に不動産の価格査定を依頼した場合、もしかしたら業者自身が算出した本来の査定金額以上の数字を、依頼者に提示するということがあるかもしれません。これは査定が複数社に依頼されていたと仮定して、他社よりも低い査定価格を出してしまうと自社に話がこないだろう、だから高めの金額で設定しておこう、といった不動産業者としての心理がはたらくからです。

しかしながら、任意売却の場合、必要以上に査定価格を高めに出すことは不要だと私は考えます。それどころか、このような行為はむしろ、任意売却を成立させるという目標に対して、マイナスの要因になりかねないとも思います。

任意売却の場合、所有者が主体となって売却を行うことには変わりないとはいえ、抵当権や根抵当権などの担保権を抹消するための金額を決めるのは、それらの権利を登記設定している債権者となります。所有者が了解を出したとしても、債権者がその売却金額に納得できなければ、担保権を外してもらえません。すなわち、任意売却は成立しないのです。

もちろん、残債務の金額には届かなかったとしても、査定金額が高くなれば高くなるほど、債権者が数字の部分で担保権を外してくれる可能性は高くなるかもしれません。その反面、査定金額を一般市場における相場よりも高く設定してしまうと、今度はその金額で売れるかどうかの問題に直面することになります。

一般的には、任意売却を開始してから一定期間経っても売れないと、債権者は価格の見直し（価格を下げること）に応じてくれます。しかしながら、その不動産業者が当初想定した査定金額を下回るということであれば、債権者から、「なぜ査定金額を割ってしまうのか？」という、理由とそれ相応の根拠を求められる可能性があります。価格査定の数字というのは、本来、その段階で売れるべき数字を出すのですから、債権者の判断としては当然のことといえます。

かといって、市場相場よりも大幅に低い査定金額を提出したとしても、債権者は、別の査定会社を利用して、独自に価格の査定をしているケースがありますので、その金額と大幅に逸脱している場合、その不動産業者が算出した金額での売却を認めないこともあり得るのです。

任意売却の正式な受任（媒介契約）

媒介契約の締結

電話やメールでの事前相談、そして面談による相談を経た上で、ご自身にとって一番信頼できる不動産業者（宅地建物取引業者）に任意売却の実務を任せる流れとなります。

任意売却を任せるにあたって、その証として、任意売却専門業者との間で不動産売却における媒介契約を締結することになります。もしも複数所有者がいる共有名義となっているとしたら、その共有者全員と締結することになります。その際に認印が必要となりますのでご面談時に一応持参することをお勧めします。

なぜならば、面談した業者が信頼できると思えたならば、その場で媒介契約を締結することによって、その日から売却活動が開始できるので、より有利に任意売却を進めることができるからです。

債権者にとっても、任意売却を行うためには、媒介契約書が必要です。そうでないと不動産売却に関しての窓口がどこの不動産業者なのか確定することができないからです。また債権者によっては、任意売却申出書（巻末資料273ページ参照）などの指定書式を提出する必要があります。ちなみに、媒介契約の締結にあたっては費用はかかりませんのでご安心ください。

媒介契約書の種類

不動産業者（宅地建物取引業者）と締結する媒介契約書の種類は、大きくわけて三つあります。

① 専属専任媒介契約
② 専任媒介契約
③ 一般媒介契約

まず、専属専任媒介契約ですが、これは一社のみと契約できるもので、媒介を依頼した不動産業者が見つけた相手方（この場合、買主）としか売買契約を締結することができないという売主への縛りがあります。専属専任媒介契約を締結していますと、売主が自分自身で買主を見つけたとしても、期間内であれば、その不動産業者を絶対に通さなければ売買することができません（自己発見取引不可）。

一方、業者側にとっても、契約締結後五日以内に「レインズ」と呼ばれる指定流通機構のウェブサイトに物件登録を行うのと同時に一週間に一回以上、文書などでその営業活動についての報告義務が課せられています。

次に専任媒介契約ですが、専属専任媒介契約よりも若干、緩やかになります。この契約もまた一社のみしか締結できませんが、専属専任媒介契約ではできない自己発見取引が可能です。ただし、あくまでも売主が自分自身で見つけてきたというのが前提ですので、他社が「自分のところには買主がいますよ」などと飛び込み訪問などをし、専属専任媒介契約を締結した業者を飛ばして、飛び込みをかけた不動産会社を通して売買契約を行うということはできません。

一方、業者においても、契約締結後七日以内にレインズに物件登録を行うことと二週間に一回以上、文書などで報告義務が課せられます。

最後に一般媒介契約ですが、これが一番緩やかな契約です。専属専任媒介契約や専任媒介契約と異なり、複数の不動産業者と媒介契約を締結することができます。

一般媒介契約はさらに明示型と非明示型の二種類に分類され、明示型の場合、他の不動産業者と契約締結した際は、その名称と所在地を依頼した不動産業者に通知する義務があり、非明示型の場合は、その義務が生じないというわけです。明示型にせよ非明示型にせよ、一般媒介契約であれば、極端な話になりますが、依頼人さえ納得すれば、１００社もの不動産業者とも契約してもいいわけです。

業者にも、レインズへの登録義務や営業活動の報告義務はありません。一般媒介契約は、一社のみに営業を任せる専属専任媒介契約や専任媒介契約とは異なり、どこの業者も営業を行うことができるため、裏を返せば、どこの会社も熱心に力を入れて営業活動を行わなくなるというデメリットが大きいです。そのため、不動産を売却する際において、一般的には一つの不動産業者と契約を行う専属専任媒介契約か専任媒介契約のいずれかが選択されることが多いです。

任意売却の媒介契約は専任媒介

任意売却をする場合、専属専任媒介か専任媒介契約書のいずれかを締結することが多くなりますが、大方の場合、専任媒介契約が選択されます。任意売却は売主と買主のマッチングの作業だけではなく、債権者に対する交渉や調整もある関係上、窓口を一つにまとめる必要があるためです。そのための専任媒介契約というわけです。

ただ、債権者やその他、任意売却を左右する方の意向によっては、専任媒介契約ではなく、一般媒介契約しか締結を認めない場合もあります。たとえば、所有者が指定する不動産業者の他に、債権者側の立場に即した不動産業者でも販売活動をさせるケースや、自己破産後に破産管財人がいくつかの不動産業者に売却を任せるケースなどです。

●専任媒介契約書①

専任媒介契約書

この媒介契約は、国土交通省が定めた標準媒介契約約款に基づく契約です。

依頼の内容	売却・購入・交換

依頼者甲は、この契約書及び専任媒介契約約款により、別表に表示する不動産（目的物件）に関する売買（交換）の媒介を宅地建物取引業者乙に依頼し、乙はこれを承諾します。

平成　　年　　月　　日

甲：依　頼　者	住　所		印
	氏　名		
乙：宅地建物取引業者	商号(名称)		印
	代表者氏名		
	主たる事務所の所在地		
	免許証番号	知事（　）第	号

1　成約に向けての積極的努力業務

一　乙は、甲に対し、文書により2週間に1回以上業務の処理状況を報告します。

二　乙は、不動産の所在地、規模、媒介価額その他の事項を、＊＿＿＿＿＿＿にこの媒介契約の締結の日の翌日から7日以内（乙の休業日を含みません）に登録するとともに、契約の成立に向けて積極的に努力します。また、目的物件を登録したときは、遅滞なく、甲に対して宅地建物取引業法第50条の6に定める登録を証する書面を交付します。

＊当該目的物件の所在地を含む地域を対象として登録業務を行っている指定流通機構の名称を記入する。

2　違約金等

一　甲がこの媒介契約の有効期間内に乙以外の宅地建物取引業者に目的物件の売買又は交換の媒介又は代理を依頼し、これによって売買又は交換の契約を成立させたときは、乙は、甲に対して、約定報酬額に相当する金額（この媒介に係る消費税額及び地方消費税額の合計額に相当する額を除きます。）を違約金として請求することができます。

二　この媒介契約の有効期間内において、甲が自ら発見した相手方と目的物件の売買若しくは交換の契約を締結したとき、又は乙の責めに帰すことができない事由によってこの媒介契約が解除されたときは、乙は、甲に対して、この媒介契約の履行のために要した費用の償還を請求することができます。

3　有効期間

この媒介契約締結後＿＿ヶ月（＿＿年＿＿月＿＿日まで）とします。

4　約定報酬額

(消費税及び地方消費税抜き報酬額)＿＿＿＿＿＿円と(消費税額及び地方消費税額の合計額)＿＿＿＿＿円を合計した額とします。

5　約定報酬の受領の時期　＿＿＿＿＿とします。

●専任媒介契約書②

別表

所有者	住所	登記名義人	住所
	氏名		氏名

所在地						本体価格	円
目的物件の表示	土地	実測 ㎡	地目	宅 地・田・畑・山林・雑種地・その他(　)	権利内容 所有権・借地権	消費税額及び地方消費税額の合計額	円
		公簿 ㎡				媒介価額	総額 円
	建物	建築面積 ㎡	種類		構造 造 葺 階建	備考	
		延面積 ㎡	間取り				
	マンション	名称 階 号室	構造	造 階建			
		タイプ LDK DK 専有面積 ㎡	共有持分	分の			

〔ただし、買い依頼に係る媒介契約については、次の別表を使用することとして差し支えない。〕

購　入（希望する条件）

項　　目	内　　　容	希望の程度	項　　目	内　　　容	希望の程度
物件の種類			広さ・間取り等		
価　　額			物件の所在地		

その他の条件（希望の程度もお書き下さい。）

注）「希望の程度」の欄には、（特に強い）、（やや強い）、（普通）等と記入して下さい。

●専任媒介契約書③

専任媒介契約約款

（目的）
第１条　この約款は、宅地又は建物の売買又は交換の専任媒介契約について、当事者が契約の締結に際して定めるべき事項及び当事者が契約の履行に関して互いに遵守すべき事項を明らかにすることを目的とします。

（当事者の表示と用語の定義）
第２条　この約款においては、媒介契約の当事者について依頼者を「甲」、依頼を受ける宅地建物取引業者を「乙」と表示します。
２　この約款において、「専任媒介契約」とは、甲が依頼の目的である宅地又は建物（以下「目的物件」といいます。）の売買又は交換の媒介又は代理を乙以外の宅地建物取引業者に重ねて依頼することができないものとする媒介契約をいいます。

（目的物件の表示等）
第３条　目的物件を特定するために必要な表示及び目的物件を売買すべき価額又は交換すべき評価額（以下「媒介価額」といいます。）は、専任媒介契約書の別表に記載します。

（媒介価額に関する意見の根拠の明示）
第４条　乙は、媒介価額の決定に際し、甲に、その価額に関する意見を述べるときは、根拠を示して説明しなければなりません。

（媒介価額の変更の助言等）
第５条　媒介価額が地価や物価の変動その他事情の変更によって不適当と認められるに至ったときは、乙は、甲に対して、媒介価額の変更について根拠を示して助言します。
２　甲は、媒介価額を変更しようとするときは、乙にその旨を通知します。この場合において、価額の変更が引上げであるとき（甲が乙に目的物件の購入又は取得を依頼した場合にあっては、引下げであるとき）は、乙の承諾を要します。
３　乙は、前項の承諾を拒否しようとするときは、その根拠を示さなければなりません。

（有効期間）
第６条　専任媒介契約の有効期間は、３ヶ月を超えない範囲で、甲乙協議の上、定めます。

（宅地建物取引業者の義務）
第７条　乙は、次の事項を履行する義務を負います。
一　甲に対して、文書により２週間に１回以上業務の処理状況を報告すること。
二　広く契約の相手方を探索するため、目的物件につき、所在地、規模、形質、媒介価額その他の事項を専任媒介契約書に記載する指定流通機構に媒介契約の締結の日の翌日から７日以内（乙の休業日を含みません。）に登録するとともに、契約の成立に向けて積極的に努力すること。
三　前号の登録をしたときは、遅滞なく、指定流通機構が発行した宅地建物取引業法第５０条の６に定める登録を証する書面を甲に対して交付すること。

（報酬の請求）
第８条　乙の媒介によって目的物件の売買又は交換の契約が成立したときは、乙は、甲に対して、報酬を請求することができます。ただし、売買又は交換の契約が停止条件付契約として成立したときは、乙は、その条件が成就した場合にのみ報酬を請求することができます。
２　前項の報酬の額は、国土交通省告示に定める限度額の範囲内で、甲乙協議の上、定めます。

（報酬の受領の時期）
第９条　乙は、宅地建物取引業法第３７条に定める書面を作成し、これを成立した契約の当事者に交付した後でなければ、前条第１項の報酬（以下「約定報酬」といいます。）を受領することができません。
２　目的物件の売買又は交換の契約が、代金又は交換差金についての融資の不成立を解除条件として締結された後、融資の不成立が確定した場合、又は融資が不成立のときは甲が契約を解除できるものとして締結された後、融資の不成立が確定し、これを理由として甲が契約を解除した場合は、乙は、甲に、受領した約定報酬の全額を遅滞なく返還しなければなりません。ただし、これに対しては、利息は付さないこととします。

（特別依頼に係る費用）
第10条　甲が乙に特別に依頼した広告の料金又は遠隔地への出張旅費は甲の負担とし、甲は、乙の請求に基づいて、その実費を支払わなければなりません。

（直接取引）
第11条　専任媒介契約の有効期間内又は有効期間の満了後２年以内に、甲が乙の紹介によって知った相手方と乙を排除して目的物件の売買又は交換の契約を締結したときは、乙は、甲に対して、契約の成立に寄与した割合に応じた相当額の報酬を請求することができます。

（違約金の請求）
第12条　甲は、専任媒介契約の有効期間内に、乙以外の宅地建物取引業者に目的物件の売買又は交換の媒介又は代理を依頼することはできません。甲がこれに違反し、売買又は交換の契約を成立させたときは、乙は、甲に対して、約定報酬額に相当する金額（この媒介に係る消費税額及び地方消費税額の合計額に相当する額を除きます。）の違約金の支払を請求することができます。

（自ら発見した相手方と契約しようとする場合の通知）
第13条　甲は、専任媒介契約の有効期間内に、自ら発見した相手方と目的物件の売買又は交換の契約を締結しようとするときは、乙に対して、その旨を通知しなければなりません。

（費用償還の請求）
第14条　専任媒介契約の有効期間内において、甲が自ら発見した相手方と目的物件の売買若しくは交換の契約を締結したとき、又は乙の責めに帰すことができない事由によって専任媒介契約が解除されたときは、乙は、甲に対して、専任媒介契約の履行のために要した費用の償還を請求することができます。
２　前項の費用の額は、約定報酬額を超えることはできません。

（更新）
第15条　専任媒介契約の有効期間は、甲及び乙の合意に基づき、更新することができます。
２　有効期間の更新をしようとするときは、有効期間の満了に際して甲から乙に対し文書でその旨を申し出るものとします。
３　前２項の規定による有効期間の更新に当たり、甲乙間で専任媒介契約の内容について別段の合意がなされなかったときは、従前の契約と同一内容の契約が成立したものとみなします。

（契約の解除）
第16条　甲又は乙が専任媒介契約に定める義務の履行に関してその本旨に従った履行をしない場合には、その相手方は、相当の期間を定めて履行を催告し、その期間内に履行がないときは、専任媒介契約を解除することができます。
第17条　次のいずれかに該当する場合においては、甲は、専任媒介契約を解除することができます。
一　乙が専任媒介契約に係る業務について信義を旨とし誠実に遂行する義務に違反したとき。
二　乙が専任媒介契約に係る重要な事項について故意若しくは重過失により事実を告げず、又は不実のことを告げる行為をしたとき。
三　乙が宅地建物取引業に関して不正又は著しく不当な行為をしたとき。

（特約）
第18条　この約款に定めがない事項については、甲及び乙が協議して別に定めることができます。
２　水道・下水道・ガス等の埋設の調査資料取得に関する一切の権限。それに付随する一切の権限。
３　最新の評価証明、公価証明の取得に関する一切の権限。

債権者との交渉 その1 売出し価格

実務としては、業者はすべての債権者に対して、締結した媒介契約書の写しを提出し、売却の依頼を受けた旨を連絡します。媒介を依頼した業者が、この手続きをきちんと踏んで債権者側の担当者に話を通さなければ、販売活動を行いせっかく買主が見つかったとしても、任意売却自体認めてもらえないこともあり得ます。本来であれば、債権者側にとっても許容できる範囲の金額であったとしても、です。

ともあれ、債権者との交渉は、売出し価格の算出とその提出からはじまります。前述しましたとおり、不動産の価格査定を独自に行う債権者もありますが、やはり任意売却専門業者の算出した価格想定も考慮に入れていただいていると思います。媒介を依頼した依頼人の利益を最大限に考えた上で、同時に債権者側にも納得していただけるような、根拠のある数字を適切に立てなければなりません。それができてこそ、プロの任意売却専門業者といえるのではないかと思います。

（巻末資料「住宅金融支援機構　査定書―戸建、マンション」を参照）

販売活動

任意売却の活動期間

依頼人と専任媒介契約を締結し、債権者から売出し価格の同意を得ることによって、依頼人の自宅不動産の任意売却の販売活動が本格的にはじまります。

残念ながら、債権者が自宅不動産の任意売却を認めたからといっても、実際に売れるまで無期限に待ってもらえる、ということはありません。債権者側からしてみると、たとえ自宅不動産の販売を行っているとしても、その期間中は返済されない残債務の金利や遅延損害金が発生しており、その金額はどんどん膨らんでいっています。そのため、ある一定期間、任意売却を行ったものの自宅不動産の売却見込みが立たなければ、競売申立てを行わざるを得ないというわけです。

任意売却の活動期間についてですが、債権者の意向にもよりますが、代位弁済が行われた時期からみて、おおよそではありますが6ヶ月前後程度の期間は見込めるのではないかと思われます。仮に競売を申し立てられたとしても、債権者によっては競売の申立て後においても、それと平行して任意売却の販売活動を認めてくれる会社もありますが、それとは逆に競売後の任意売却は基本的に認めないとするところもありますので、注意が必要です。

任意売却を成功させるための極意

任意売却を成功させるためには、何よりも所有者である依頼人の協力が必要になります。その協力がありませんと、任意売却の成功率は格段に下がりますし、場合によっては、不可能となりかねません。

ここに任意売却を成功させるための極意をお伝えします。ただ、極意といいましても、さほど難しい話ではありません。

1）物件案内（内見）への協力

不動産は商品です。商品である以上、購入希望される方は室内がどういったものなのか、当然気にされます。家の中を見ないで不動産を購入するというのは、物件売買に慣れた不動産業者でないと難しいでしょう。

家を空き室の状態にしているのではなく、実際に住んでいる状況の中、家の中を見せることには抵抗がある方もいるかもしれませんが、業者が物件案内（内見）のアポを取りましたら、室内への立ち入り許可と案内への協力をお願いします。

また、仕事などの都合により、なかなか時間がとれないならば、たとえば、ご家族の方に代わりに立ち会ってもらうですとか、それでも難しければ、事前に任意売却専門業者の担当者と打ち合わせをし、案内可能日時を決め、できうる限り、その日時にあわせて案内アポを入れてもらうなどしましょう。

家を見てもらうために引っ越しを優先させ、空き室にしなくてもよいですが、最大限の配慮をして、任意売却専門業者と二人三脚で販売活動にのぞんでください。

2）室内の掃除と整理整頓

不動産は商品です。不動産の購入希望者が室内を見られるよう、時間を割いて案内の協力をしたとしても、その肝心の室内にゴミが散らかっているといった状況では、印象が悪くなってしまいます。リフォームやリノベーションを行う必要はありませんが、掃除と整理整頓程度はしておくとスムーズに進みます。

今後の引っ越しや自宅の引渡しのことを考えても、日頃から不要なものは処分していったり、生活するにあたって利用の優先順位が低い家財道具などについては、押し入れやクローゼット、トランクルームなどにしまっておくとお部屋がより広く見えます。

また、ペットを飼育している場合、どうしてもペットの臭いが部屋にこもりがちです。飼育されている方にはまったく気にならない臭いが、購入を希望される方にとっては気になるものかもしれません。案内の際は、事前に窓を開けて換気をしたり、ペット用の消臭剤を利用したり、糞尿などの後始末をしておくなどすると、購入希望者の方もさほど気にされないかと思います。

3）不動産の権利関係や近隣とのトラブルは任意売却専門業者に事前に伝える

もしも自宅不動産周辺の方とトラブルやもめ事を抱えているということであれば、事前に任意売却を任せている不動産業者に伝えておくことが必要です。たとえば境界線や越境、埋設管といった不動産の権利関係についてのもめ事であったり、騒音や振動、臭気などのトラブルといったものも考えられます。その他、私道であれば通行や掘削承諾であったり、借地であれば、地主への譲渡承諾や名義変更に関する料金はどうなっているのか、といった問題もあるでしょう。

こういった問題は、早め早めの段階でクリアしておく方がいいです。万一、自宅不動産を買いたいという方が見つかったとしても、これらの問題が存在し、その解決までに時間がかかったがために購入希望客の目が他の物件にいってしまい、結局、話がまとまらなかったといった状況に陥ったら、泣くに泣けません。

債権者との交渉 その2 配分案（配当案）

買付証明書（購入希望証明書）

限られた期間内に行われる販売活動によって、自宅不動産を買いたいという購入希望者があらわれるとします。その方は不動産業者を通じて、購入を希望する旨を証するために買付証明書（購入希望証明書）を提出します。売り出している金額と同額か、もしくはそれに近い金額であれば、その数字で任意売却を認めてもらうべく、配分案を作成する流れとなります。

ちなみに買付証明書は、購入意思を示すものではありますが、正式な売買契約書ではありませんので、法的な拘束力はありません。契約前まではいつでも取り下げることが可能な書面というわけです。

●買付証明書サンプル

買　付　証　明　書

平成　　年　　月　　日

売主　殿

住所：
氏名：　　　　　　　　　　　　　　　　　　　　㊞

下記記載不動産を下記条件にて購入を申し込み致します。

［記］

物件名		
所在地		
壁芯面積		㎡
構造		
売買金額		金　　　　　　　　円也
支払内訳	手付金	金　　　　　　円也　平成　年　月　日
	中間金	金――――――円也　平成―年―月―日
	残代金	金　　　　　　円也　平成　年　月　日
備考		・契約日、決済日相談。 ・本申込書は本日より２週間有効と致します。 ・現況有姿取引とし、瑕疵担保責任は免責とします。 ・本物件購入に必要な書類の提出を要します。 ・過去に室内において事件、事故、火事等が起きている場合、本申込書は無効となります。

以上

配分案作成

任意売却専門業者は、買付証明書を元にして、債権者に対して提出する配分案を作成します。この配分案とは、債権者やその不動産に関する利害関係人に対して、自宅不動産を売却して得られる代金を、どこにどう振り分けるのかを示した書面のことです。各債権者へ渡るお金のことを「配分金」と呼び、その配分金額と諸経費の控除金額が記載された一覧表の形になっています。

なお、ここでいう債権者とは、自宅不動産に抵当権や根抵当権などの担保権を設定している法人や人を示します。金額の大小にかかわらず、消費者金融やマイカーローン、カードローンなどの無担保で借りた先の債権者は含まれません。

配分案で控除できる費用

自宅不動産の売却代金すべてが、配分金として債権者に行き渡るわけではありません。仮に各債権者にお金が回らなくとも、優先して配分される費用があります。配分案を作成するにあたって、売却金額から差し引ける費用について記載していきます。住宅ローンを借りる先として非常に多い住宅金融支援機構では、控除可能な費用の基準がまとめられています。

もちろん全部が全部とはいえませんが、債権者の中には、この基準に沿ったり、参考にしているケースも見受けられますので、ここでは住宅金融支援機構の基準を基にして、ひとつひとつの費用について解説していきます。

●売却に必要な費用等の一覧

控除できる項目	控除額
後順位の抵当権抹消承諾料	二番　30万円または残元金の１割のいずれか低い方 三番　20万円または残元金の１割のいずれか低い方 四番以下　10万円または残元金のいずれか低い方
破産財団組入額	原則売却価格の３％
仲介手数料	宅建業法による手数料の全額
登記費用	登録免許税と司法書士の報酬。ただし、原則１筆１万円以下
公租公課	優先税は全額。それ以外で差押え登記がある場合は、10万円または固定資産税・都市計画税１年分のいずれか低い額
管理費滞納分	決済日の前日までの全額。ただし、過去５年分に限る。延滞金は除く
転居費用	原則不可。ただし、破産等によりやむをえない場合は相談
契約書の印紙代	不可

1）後順位の抵当権抹消承諾料（いわゆる、ハンコ代）

住宅金融支援機構は、住宅ローンを貸し出す際、自宅不動産に対して、必ず第一順位に抵当権を設定しています。ここでいう順位とは、競売を行った際に優先的に売却代金からの配分を受けられる順番のことです。第一順位ですから、最も優先されます。

しかし、自宅不動産を競売で売却したとしても、必ずしも住宅ローンの残債務と金利や遅延損害金のすべてを回収できるわけではありません。第一順位が全額回収できなかったら、それよりも下の順位の債権者にお金が回ってくるかといえば、言わずもがなです。抵当権などが設定されていたとしても、結局、競売による不動産売却代金は、一円たりとも入金されることはないというわけです。

それでは任意売却の場合はどうなのでしょうか。

任意売却であったとしても、第一順位が全額回収できない場合、理屈上では、それよりも下の順位の会社には一円も入ってきません。ですが、その理屈ですと第一順位より下の順位の会社は、競売だろうが任意売却だろうが、どちらでもいいという話になりかねません。そうならないようにするために、後順位の抵当権抹消承諾料が控除可能な費用として認められているのです。本来、競売であれば一円たりとも回収できないところを、債権金額には満たないかもしれませんが、任意売却に協力すれば多少なりともお金が入ってくる、というわけです。

この承諾料は、「ハンコ代」と呼ばれています。

もちろん債権者の中には、ハンコ代に不服を唱える会社もあります。任意売却は、すべての債権者の協力を得られないと実現できませんので、このハンコ代の調整ができるかどうかも、任意売却専門業者の力量という話になります。

なお、上記のハンコ代については、債権者同士の関係により、特例として金額が上がることもあり得ます。

2）破産財団組入額

自己破産を申し立てた段階で不動産など大きな資産価値がある財産を持っている場合、裁判所は破産管財人と呼ばれる、財産を管理する人を選出する可能性があります。破産財団とは、破産をした人が破産手続き開始時に持っている不動産や預金、換金価値のあるもので、破産管財人によって管理、換金化された上で債権者の配分に充てられる財産のことです。

ただ、不動産を持っているといっても、すでに抵当権などの担保権が設定されている上に、抵当権などの登記設定をしている債権者ですら、不動産を売却しても債権を回収することができない可能性もあります。

また、債権者の中には、無担保でお金を貸している会社や人もいます。破産管財人の立場としては、そういった無担保の債権者に対してもできる限り平等に配分金を出すことができるようにするために、売却代金の中からその原資を求めます。その原資を「破産財団組入額」といいます。その破産財団組入額は、原則として売却代金の３％となっています。なお、破産などをされていない場合、この名目で金額が配分されることはありません。

３）仲介手数料

不動産を売却するにあたって、不動産業者（宅地建物取引業者）に支払う手数料を「仲介手数料」といいます。

仲介手数料の速算式は、売買代金×３％＋６万円＋手数料にかかる消費税です。

この手数料は不動産業者が取引の仲立ちを行う場合、必ずかかる費用です。任意売却の場合、債権者はこちらの費用も控除対象として認めますので、売買代金の中から任意売却専門業者（不動産業者）へと配分されます。

したがいまして、通常の任意売却専門業者の場合であれば、依頼人が自己資金の中から持ち出しするという形にはなりません。ただ、依頼した会社によっては、何らかの形で費用や経費を請求してくる可能性もあります。後々にトラブルにならないように、費用などの金銭的なことについては、事前に依頼した会社へ確認してください。

４）登記費用

不動産登記には、所有権移転登記や抵当権登記など様々な種類がありますが、ここでいう登記とは、抵当権などの抹消登記のことを指します。その抹消費用（登記費用と司法書士報酬）については必要経費として売却代金の中から控除可能です。

住宅金融支援機構では、不動産一つにつき１０００円の抹消登記費用と1万円以内の司法書士手数料（別途消費税）が認められます。

債権者によっては、登記の名義人が引っ越して住所が変わっていたり、結婚や離婚をして氏名に変更があった際に行わなければならない登記名義人表示変更登記などにかかる売主側の費用については、控除を認めてくれないケースがありますので注意が必要です。基本的に抹消登記費用以外の登記費用の控除について、住宅金融支援機構は認めません。

5）公租公課

公租公課とは、わかりやすくいえば、固定資産税・不動産取得税・都道府県税・市民税・健康保険料をはじめとした税金などのことです。

税金などの支払いには納付期限が定められています。この納付期限日より後に抵当権などの担保権設定登記が行われていれば、その前から滞納している税金などに関しては、他に優先して売却代金の中から配分を受けることができます。

この税金などのことを「優先税」と呼ぶ場合もあります。

仮に自己破産を行った上に免責許可が下されたとしても、税金などの滞納分の支払い義務について、消滅することはありません。役所は税金などの滞納を理由として、自宅不動産に差押え登記を設定することもあり得ます。差押え登記がなされますと、任意売却を行う際は、これもあわせて抹消する必要があります。役所によっては、差押え登記抹消のために非協力的なケースもありますので、多分に注意が必要です。他の債権者が任意売却の成立に向けて協力してくれたとしても、役所の協力がまったく得られなかったがために任意売却ができなかったという話は実際にあります。それゆえに、税金などの滞納はできうる限り行わないようにしましょう。

6）管理費などの滞納金

住宅金融支援機構の場合、マンションの管理費などに関して原則として滞納した管理費と修繕積立金の元本全額が控除費用として認められます。ただし過去5年分までで、それにかかる遅延損害金は認められません。

また、管理費・修繕積立金以外にかかる共益費、たとえば、専用庭使用料、ルーフバルコニー使用料、駐輪場使用料、駐車場使用料、町会費、インターネット使用料、ＣＡＴＶ使用料、トランクルーム使用料などについても、基本的には認められません。

他の債権者の場合は、ケースバイケースです。マンション管理費・修繕積立金以外の共益費について、滞納金すべてを控除金額として認めてくれる会社もありますが、そうでない会社もあります。

7）転居費用

最近の債権者の考え方としては、一昔前までとは異なり、転居費用や立退き料、引渡し料などの退去に関する費用を配分金として出すことを認可しない傾向が強くなっています。

一般的な広さの戸建やマンションの任意売却を行った際、引っ越し費用を認められたとしてもせいぜい10～30万円程度の金額です。しかも、必ず認められるというものではありません。あくまでも債権者の一存によるところが大きいのです。

ちなみに、住宅金融支援機構の場合、転居費用（引っ越し代や立退き料、引渡し料などの名目で支払われる、退去目的のための費用）の控除は原則不可となっています。自己破産などの法的処理をした際に、引っ越し費用の請求書や見積書などを提示することで、10～20万円程度の配分金を認めてもらえる可能性がある程度です。

また、これらの費用を認められたとしても、これは売却代金の配分金額から控除されるものです。実際に新しい住居地に引っ越した後に支払われる費用だと考えてください。

8）契約書印紙代

印紙とは収入印紙のことで、領収書や契約書などを作成するときに使用します。税金のひとつであり、印紙税とも呼ばれます。

不動産売買契約を締結した際、契約書にはその金額に応じた収入印紙を貼らなければなりません。仮に収入印紙を貼らなかったとしても、その契約書が無効になることはありませんが、本来の印紙税額にその二倍に相当する金額を付加した過怠税を支払わなければなりません。

このように契約書には必要不可欠な収入印紙ですが、住宅金融支援機構では、この経費について、控除の対象にならないとしています。他の債権者でも、この見解は同様の場合が多いです。

なお、住宅金融支援機構をはじめとする債権者の中には、契約書の有効性を調べるために、印紙の貼られた契約書の原本確認を行うところもあります。

9）その他

状況によっては、これまでにあげた費用以外に控除できる可能性があるものがあります。以下に列挙していきます。

・リフォーム代、ハウスクリーニング代

天井や壁のクロスをはじめとする表装の汚損やキッチンや浴室などの設備施設の破損により、室内のコンディションが非常に悪く、販売活動に著しい悪影響を与えると認められる場合、債権者によっては、コンディションを改善するために施されるリフォーム代やハウスクリーニング代の費用について、その控除を認めることもあります。

ただし、リフォーム費用などをかけても任意売却が成立しない場合、費用は依頼人の持ち出しで終わることになりますし、事前の承諾がなければ配分金からの捻出もできません。

・測量費用

測量費用については基本的に控除の対象に入っておらず原則不可ですが、状況として相当の理由がある場合に限り、境界確定のための測量費が認められるケースもあります。

任意売却の実務としては、土地建物について、測量を行っての引渡しを条件としない、公簿面積（不動産登記事項証明書に記載されている面積）による売買を行うことがほとんどです。仮に測量を行ったとしても買主側の負担とすることが多いと思います。

・地代などの支払い

土地の権利には、所有権や借地権、地上権といった権利があります。

所有権は、その名のとおりその土地を所有しているということですので問題ないでしょう。しかし、借地権や地上権の場合、借りていた土地に対してかかる地代の支払いが滞ると、土地の貸主である地主との関係が悪化し、それを理由として借地権などの契約解除がなされるケースがあるかもしれません。

土地の権利が不安定なものになると、その土地にある建物を含めて不動産の存続が危うくなります。その不動産を担保にとっている債権者にとっても、物件の価値が下落することは、利益にかないませんので、そういった不測の事態が起きないよう、地代滞納分についてはその費用負担を認めてもらえるケースがあります。

実際、借地権や地上権付きの不動産が競売になり、その地代の滞納があるケースにおいて、債権者は裁判所に地代代払いの許可をもらい、契約解除されないよう、所有者の代わりにそれを支払うケースが多く見受けられます。

・**配分案**

配分案は、各債権者に対する返済金額や自宅を売却するにあたって関係する諸費用などを一覧にまとめた資料のことです。任意売却専門業者が作成する配分案を、どの債権者からも異議が申し立てられることなく、認めてもらえるように関係各所との間で調整を行います。

個人的には、この調整ができてはじめて、任意売却専門業者を名乗れるのではないかと思うのです。それでは、配分案とはどのようなものなのか、具体的にみていきましょう。

自宅の住宅ローンの支払いが滞りがちだったAさんは、住宅ローン返済の問題を解決すべく任意売却専門業者に相談しました。その話し合いの中で、Aさんはご自宅を任意売却することを決意し、その任意売却専門業者にすべてを任せました。媒介依頼を受けた任意売却専門業者が地道に販売活動を行った結果、800万円で買いたいという人があらわれました。

ただ、Aさんは住宅ローンを三つの金融機関から借りていました。それぞれの金額は次のページのとおりで、合計金額は2300万円です。

通常であれば、各金融機関に対して、住宅ローンの残債務をすべて返済しなければ抵当権の

＜Aさんが借りていた住宅ローン＞

第一順位抵当権	住宅金融支援機構（旧住宅金融公庫）	1,000万円
第二順位抵当権	年金融資	800万円
第三順位抵当権	B銀行	500万円
合　　計		2,300万円

抹消に協力してもらえず、それゆえ不動産を売却することはできません。また、金融機関に無断で販売活動を行った場合も、最悪、任意売却に応じてもらえなくなる可能性があります。しかしながら、今回Aさんから依頼を受けた任意売却専門業者は、事前に任意売却を行う旨を各債権者に伝え、合意をとった上で販売活動を行っていましたので、その点は問題ありません。

また、Aさんのご自宅はマンションだったので、管理費や修繕積立金の滞納金額が50万円ありました。任意売却専門業者は、関係各所をまとめるべく配分案を作成しました（次ページ参照）。

今回の販売金額では、第一順位抵当権者の住宅金融支援機構ですら、金額すべての債権回収ができません。

これが競売でしたら、二番手、三番手の債権者は、不動産の売却金額の中から1円たりともお金を回収することは不可能ですが、今回は任意売却ということで、下位の抵当権を設定した債権者にも、いわゆるハンコ代が配分されます。それぞれの金額は第二順位抵当権者の年金融資が50万円、第三順位のB銀行が30万円です。本来の基準となるハンコ代よりも大きな金額ですが、第一順位の住宅金融

売却代金	800万円
<配分案>	
第一順位抵当権　住宅金融支援機構	634万7,500円
第二順位抵当権　年金融資	50万円
第三順位抵当権　Ｂ銀行	30万円
不動産仲介手数料	31万5,000円
管理費などの滞納金	50万円
抵当権抹消費用	3万7,500円
合　　計	800万円

支援機構には認めてもらえ、各債権者からも承諾されました。

管理費と修繕積立金は相当年数滞納期間があった関係上、年利18％に及ぶ遅延損害金が発生していましたが、任意売却専門業者が管理会社を通じて管理組合と交渉することによって、遅延損害金の免除に合意してもらいました。引っ越し代については、住宅金融支援機構とも相談したのですが、Ａさんは自己破産などをしていなかったために配分に組み込むことは認めてもらえませんでした。

そして、依頼人である所有者や各債権者のすべての関係者に配分案が承認されれば、あとは不動産を買いたいという希望者と売買契約を締結する運びとなります。

なお、各債権者に配分案を提出する際は、今現在の各債権者の債務の残高がわかる書類や、管理費などの滞納金といった経費が発生する場合は、その金額がわかる書面もあわせて添付する必要があります。状況によっては、金融機関などの債権者に所有者自ら連絡を取り、書面交付の依頼をすることもあります。

（巻末資料「住宅金融支援機構　売却に必要な書類等一覧」参照）

・債権者へ必要書類の提出

任意売却を行うにあたって債権者の中には、別途、書類の提出が必要となる場合があります。たとえば、住宅金融支援機構に対しては、「生活状況報告書」といった書面を作成する必要があります。この書類は、今現在の所有者や世帯を同一とする家族の皆さんの収入や支出がどうなっているのか、勤務先や就学先はどこなのか、そして任意売却後に無担保で残る残債務についてどう支払っていくのか、などを記載し報告するものです。

また、書類の提出だけではなく、債権者の中には、実際に債権回収担当者との面談を要するケースもあります。これまで会ったことのない債権回収担当者と直に顔を合わせることに不安を感じられる方もいらっしゃるかもしれませんが、実際にその場に同行した私の経験上、金銭請求をされたり、不愉快なことを言われたりすることはなく、紳士的に対応されるのがほとんどです。

売買契約

不動産の売買契約

物件を買いたいという方があらわれ、各債権者の抵当権抹消に関する合意も得られましたら、晴れて不動産の売買契約を締結するという流れになります。場合によっては、各債権者に抵当権などの抹消について社内で稟議してもらう前に売買契約を先行するケースもあります。

売買契約とはその名の示すとおり、不動産を売り買いするための契約です。

買主と売主、仲介を行う任意売却専門業者（宅地建物取引業者）が一同に介し、不動産売買契約書と重要事項説明書（※1）などの書類に署名捺印することで契約を締結します。

任意売却とはいえ、契約の流れ自体には特別なことはありません。

ただし、この契約の段階で、今回の取引が任意売却であることが買主側にはわかります。その点はあらかじめご理解いただければと思います。

※1　重要事項説明書：契約を行うにあたって、消費者に対して説明するべき重要な事項を記載した書面のこと。不動産の重要事項説明は、必ず宅地建物取引主任者が行い、その書面には責任の所在を明白にす

るために、宅地建物取引主任者の書面捺印を要する。

手付金の預かり

任意売却物件の契約の際、不動産を売却した金額よりも残債務の方が大きいことから、売買契約時に買主から売主に手渡される手付金は、不動産取引の慣習上、直接、売主の手に渡ることなく、買主側の仲介業者が売買代金のうち手数料を差し引いた残りの金額を全額支払う日（決済日）まで預かります。

その際、売主、買主、仲介業者の三者が交わす書類が「手付金預かりに関する覚書」です。

ここで気をつけたいポイントは、買主から預かる手付金を、引っ越し代などの新しい住まいにかかる費用として見込むことはできない、ということです。

手付金はそのまま、配分金に回ることになります。

●手付金の預託に関する覚書サンプル

手付金の預託に関する覚書

売主：　　　　　と買主：　　　　　及び仲介人：　　　　　は、後記表示の不動産（以下、「本物件」という）の売買に関し、平成　　年　　月　　日付で不動産売買契約（以下「原契約」という）を締結するにあたり、原契約に基づいて売主買主間にて授受すべき手付金について、以下の通り、処理することに合意しました。

第一条　売主及び買主は、本物件に設定されている抵当権・柢抵当権等の債権額が原契約に定める売買代金を超過しているため、原契約が解除された場合における買主の債権保全を目的として、次条以下の処理を行うことを仲介人に要請し、仲介人はこの要請を許諾しました。

第二条　売主は、買主から受領した手付金相当額金　　　　　円を仲介人に預託するものとします。

第三条　売主は、本覚書第一条により抵当権・根抵当権等を含めた本物件に設定されているすべての負担を、原契約に定める残代金支払い時までに除去するものとします。

第四条　仲介人は本覚書第二条の預託金の返還を次の通り行うものとし、売主買主はこの処理について一切の異議を申し立てないものとします。

1．原契約に基づく売主の義務の履行が完了し、これを買主が確認したときは、売主へ返還するものとします。

2．原契約に定める残代金支払い時までに、売主が抹消すべき抵当権・根抵当権等の登記抹消手続きが完了していない場合または売主の義務の履行ができなかった場合、それらを原因として原契約が解除となった際は、仲介人は売主の承諾亡くして手付金を直接買主に返還できるものとします。

3．売主買主のどちらか一方または双方が相手方の債務不履行を理由に契約解除を主張し、それぞれ相手方に対し違約金や損害賠償の請求を主張している場合は、仲介人は法律専門家の意見を求めた上で、双方の主張を比較検討し、正当と考えられる主張に基づき、いずれかの当事者に対して返還できるものとします。

第五条　仲介人は預託金の返還にあたっては、利息を付さないものとします。

第六条　この覚書に定めのない事項については、原契約に基づき売主買主及び仲介人は互いに誠意をもって協議し、処理するものとします。

以上を証するため、本覚書三通を作成し、売主買主及び仲介人が署名捺印の上、各一通を保有するものとします。

平成　　年　　月　　日

※以下、売主買主及び仲介人署名欄、不動産の表示、後略

任意売却における契約書のチェックポイント

契約の流れについて、任意売却だからといって特に変わったことはないと申し上げました。ただし、契約書には必ず入れなければならない文言などがあります。

チェックしなければならないポイントを以下にあげます。

1）差押えおよび抵当権などの担保権抹消不能による解除特約（白紙解除）

通常、不動産の売買契約を締結する際、買主側が現金ではなく、住宅ローンを組んで買い求めるときには、住宅ローンが組めなかった場合は白紙解除になり、売主は買主に対して預かった手付金を速やかに返還しなければならない、という文言が契約書に記載されます。これをいわゆる「ローン特約」といいます。

万が一、買主が住宅ローンを組むことができなかった場合、白紙解除できる特約がないと、違約金として売買代金の10％から20％の金額を無条件に支払わなければなりません。ローン特約とは、こういった不慮の事態を引き起こさないようにするためには欠かせない条文です。

こういった買主側の立場を守るローン特約とは逆に、任意売却を行う売主側の立場を守る白紙解除の条文が、差押えおよび抵当権などの担保権抹消不能による解除特約です。この条文は、差押えや担保権など売買契約後に買主方に所有権を移転する際の妨げになる登記について抹消することができない際は、無条件に契約を解除することができるという内容になっています。

具体的には、以下のような条文が契約書の特約に記載されます。

> 1．本契約書第×条の規定にかかわらず、差押及び抵当権などを設定登記した債権者や利害関係者により対象不動産に設定されている差押及び抵当権などの抹消に関して合意が得られない場合、残代金受領日までであれば売主、買主は本契約を解除できるものとします。
>
> 2．前項により本契約が解除された場合、売主は買主に対して受領済の金員を全額無利息にて速やかに返還しなければならないものとします。なお、売主、買主はその相手方に対して、損害賠償その他何らの異議、請求も行わないものとします。

仮にすべての債権者から抵当権などの担保権抹消について合意を得られたとしても、その合意は書面で出ることはまずありません。基本的には債権者側の担当者からの口頭による合意です。場合によっては、一度承認したハンコ代が気に食わなくなったと話をひっくり返す債権者がいないとも限りません。実際のところ、最後の最後までどうなるのか、わからないのです。

ですから、通常、任意売却専門業者はどんな状況であったとしても、この文言を入れ忘れることはありません。

2）瑕疵担保責任と付帯設備の修復義務の免除の特約

あまり聞き慣れない言葉だと思いますが、「瑕疵」とはいったい何のことでしょうか。

これは「傷や欠陥、正常な状態ではない」という意味を持ち合わせています。基本的には、売主が消費者（個人の方）の場合であっても、引渡しから一定期間（1ヶ月や3ヶ月など契約により期間は様々）、瑕疵に対しての保証を行わなければなりません。これを「瑕疵担保責任」と呼びます。

ただし、売主が買主に対して、すでにある瑕疵を通知し、その瑕疵について買主が了解して売買契約を締結している場合は除きます。しかし、売主が瑕疵の存在を知らなかった場合、その責任を逃れることはできません。たとえば瑕疵担保責任について、不動産の売買契約書には、こういった記載がされています。

> 第×条
> 売主は、買主に対し、土地の隠れたる瑕疵及び次の建物の瑕疵についてのみ責任を負います。

1．雨漏り
2．シロアリの害
3．建物構造上主要な部位の木部の腐食
4．給排水管（敷地内埋設給排水管を含む）の故障
なお、買主は、売主に対し、本物件について前記瑕疵を発見したとき、すみやかに通知して、修復に急を要する場合を除いて立ち会う機会を与えなければなりません。
2　売主は、買主に対し、前項の瑕疵について、引渡し完了日から3ヶ月以内に請求を受けたものに限り、責任を負います。なお、責任の内容は、修復に限るものとし、買主は、売主に対し、前項の瑕疵について、修復の請求以外、本契約の無効、解除または損害賠償の請求をすることはできません。
3　買主は、売主に対し、第1項の土地の隠れたる瑕疵より、本契約を締結した目的が達せられないとき、引渡し完了日から3ヶ月以内に限り、本契約を解除することができます。
4　売主は、買主に対し、本契約締結時に第1項の瑕疵の存在を知らなくても、本条の責任を負いますが、買主が本契約締結時に第1項の瑕疵の存在を知っていたときは、売主は本条の責任を負いません

上記の条文には、瑕疵担保の責任について明記されています。雨漏りやシロアリの害、建物構造上主要な部位の木部の腐食、給排水管の故障といったものが、これまで生活する上で起きていなかったとしても、瑕疵担保責任を負う保証期間内に発生しないとは限りません。

また、建物に付帯する設備についても同様に、一定期間の修復義務が生じており、不動産売買契約書には下記のような条文が明記されています。

> 第×条
> 売主は、買主に対し、別紙「付帯設備表」中「設備の有無」欄に「有」とした各設備を引き渡します。
> 2 売主は、買主に対し、前項により引き渡す設備のうち、「故障・不具合」欄に「無」とした「主要設備」に限り、使用可能な状態で引き渡します。
> 3 売主は買主に対し、前項の「主要設備」について、引渡し完了日から7日以内に請求を受けた故障・不具合に限り、責任を負います。なお、その責任の内容は修復に限るものとします。
> 4 売主は、買主に対し、「主要設備」以外の「その他の設備」及び「主要設備」のうち「故障・不具合」欄に「有」とした「主要設備」については、故障・不具合があったと

しても、その修復義務を負いません。

瑕疵担保責任にせよ、付帯設備の修復義務にせよ、この条文が生きることによって、後々の面倒が発生するおそれがあるのならば、最初から免除してもらった方がよろしいかと思います。

通常、任意売却専門業者はこういった条文を削除するために、下記のような特約を設定します。

1．本契約書第×条の規定にかかわらず、本物件に関して、売主は買主に対して瑕疵担保責任を一切負わないものとします。また、本契約書第×条の規定にかかわらず、売主は付帯設備につき一切の修復義務を負わないものとします。

任意売却の場合、このような瑕疵担保責任と付帯設備の修復義務の免除の特約をつけることは、ごく自然に行われていることです。

3）公簿売買

自宅を任意売却する場合、販売対象となる土地面積については公簿売買で行うことがほとんどだと思います。公簿売買とは、法務局（登記所）で取得できる不動産登記事項証明書（謄本）に記載されている面積を基準とした売買のことです。

公簿上の面積と対になるのが、実測面積です。実測面積とは、実際に測量を行い、測り直した面積のことです。

測量を行い実際の土地面積を確定することによって、売主や買主ともにより公平な売買が期待できる反面、測量には時間も費用もかかりますし、測量費用は大抵、売主負担で行われます。売主の立場からすると、測量を行って面積が増えるか現状維持ならまだしも、減少する可能性も否めません。土地が減ったら資産価値も減り、必然的に売買価格も下がるかもしれません。ですから、大方の任意売却の場合、時間も費用もかからない公簿売買での取引が採用されることが多いのです。

土地について後日測量を行い、差異が生じたとしても後日の精算はしない旨を明記しておきます。これについては特約ではなく下記のように売買契約書の約款に入っています。

第×条

売主、買主は、本物件の売買対象面積を表記の公簿面積とし、同面積が後日、測量による面積と差異が生じたとしても、互いに売買代金の変更その他何らの請求もしません。

4）司法書士の売主指定

不動産取引とは切っても切れない存在が司法書士です。司法書士は、不動産登記の際、所有権移転や抹消などの登記を行うだけではなく、身近な法律の相談先にもなります。

通常、司法書士は所有権移転登記を行う関係上、買主指定（実質的には買主側につく不動産業者の指定）で選定されますが、売主指定（実質的には売主側の不動産業者の指定）で行った方が、顔を会わせる機会が生まれ、後々、その先生に相談しやすくなるというメリットがあります。

任意売却専門業者指定の司法書士は、特に債務整理などの分野について詳しい方が多く、それゆえ頼りになることが多いのです。

引っ越し

この段階で家からすでに引っ越しが完了していることもあれば、そうでない場合もあると思います。もし、引っ越しが完了していなければ、本格的に新居探しの段階に入ります。

不動産の売買契約日から実際の引渡し日になる決済日までの期間は、おおよそ1ヶ月から2ヶ月程度です。その期間内に引っ越し作業と部屋の中の家財道具などの荷物すべてを片付ける必要があります。

部屋の片付けですが、契約時に買主との間で合意がなければ、もともと家に付帯するシステムキッチンや浴室、トイレなどの設備以外のものはすべて家から持って行く必要があります。片付ける必要性のあるものとは、たとえば、冷蔵庫や洗濯機、テレビ、エアコンなどの家電製品や机やテーブル、椅子などの家具類です。

エアコンなどどうしても引っ越しの際にもっていけないものについては、事前に買主に相談することによって、残置することの許可を得られる場合もあります。ただし、これはあくまでも買主の好意によるものですし、相談もなく勝手に残していった場合、後々のトラブルに発展しかねません。

決済

決済日当日を迎えるにあたって

不動産の売買契約後、引っ越しも無事終われば、あとは実際に手付金以外の残代金を受け取る代わりに不動産の所有権を引き渡す、決済日を迎えることになります。

ここまでくれば、もう一息です。

この間、任意売却専門業者はお金を借りた金融機関などの債権者をはじめとする関係各所の調整を行い、決済が滞りなく行われるよう、細心の注意を払って最後の詰めの作業を行います。

実際、債権者側の担当者といっても、個人ですべての段取りができるわけではなく、会社内の様々な稟議を経た上で抵当権などの担保権の抹消登記に応じることができるので、その期日調整には時間がかかることが多いです。

住宅金融支援機構のように、指定の書式を利用して通知しなければならない債権者もありますが、このあたりの作業はすべて任意売却専門業者が行いますので安心です。

決済は大きな額のお金が動くことから、買主側指定の金融機関で行われることがほとんどです。

決済日当日の流れとしては、司法書士による買主ならびに売主の本人確認と必要書類の確認、そして当事者双方が手続きに要する書類の署名捺印をします。その上で金融機関から残代金分の融資実行金額と不動産業者が預かっている手付金を合計した売買代金を、事前に作成した配分案に基づき各債権者や経費として配分し、各振り込み先に送金を完了した段階で、実務としての任意売却は終了します。

買主が融資を実行する金融機関や決済日の日程などによっても変わりますが、決済の時間はおおよそ1時間から2時間程度かかります。当日は余裕を持ってスケジュールを立ててください。

決済時に気をつけるポイント

1）必要書類は忘れずに

任意売却専門業者や決済を担当する司法書士、債権者側担当者などから指定された必要書類は、決済日当日に持ってくることを忘れないようにしましょう。

ここでいう必要書類とは、たとえば、権利証（登記済証）もしくは登記識別情報、実印、印鑑証明書、家族全員記載住民票、自宅の鍵、契約書の原本などがあげられます。特に印鑑証明書などは3ヶ月以内の有効期限がありますので、注意が必要です。

たった一つの書類であっても、万一忘れてしまった場合は、決済が進行しません。書類を家に取りに戻ったり、最悪の場合、決済自体ができなくなる可能性もあります。また権利書などを忘れたときには、それに代わる書類を司法書士に作成してもらうための費用が発生するおそれもあります。

決済日前日には、必要書類がそろっているかどうかをきちんと確認し、万全の体勢で当日を迎えていただきたいと思います。

2）債権者側担当者とは、感情的にならずに誠意を持って対応をする

複数の債権者が入っているケースにおいては、そのうちの第一順位の抵当権などの担保権をもっている債権者だけには全額支払うことができても、それよりも下の順位の債権者には数十万円程度のハンコ代しか渡せないこともままあることです。

全額回収できる債権者側の担当者はもちろん何もいいませんが、ハンコ代のみの支払いになる債権者側担当者は、今後の返済についてどうする見込みなのか、直接聞いてくることもあります。

このとき、露骨に無視するような態度をとったり、逆に恐れて萎縮する必要はありません。

債権者側の担当者は担当者で、その道のプロでもあります。

債権を回収しなくてはならない相手に対して、脅迫めいた発言をぶつけてみたり、高圧的な態度で相手に威圧感を与えるようなことはありません。相手方が不信感をもち、話し合いのテーブルにつかなくなってしまう方が、彼らにとってマイナスになることを知っているからです。紳士的に接してくる方がほとんどです。闇金融のように無担保でお金を貸しているところならいざしらず、住宅ローンであれば、大抵はそのとおりです。

ですから、債権者側の担当者と話をする際は、ご自分のできうる限りの誠意を持ってお話していただければと思います。誠意を持って接すれば、感情的な行き違いというのは起こりえないでしょう。

逆に相手が紳士的に接しているのに、こちらが無視したり、怒ったりしたら、「債務者は、話し合いに応じる気配がみじんもない」と判断され、強硬な手段をとられる可能性もあります。

そういった不必要な感情のいさかいをなくすようにするためにも、債権者側担当者とは、誠意を持って、できる限り、きちんと話をするということが重要なのです。

また、支払える金額についても、「できうる限り」というところがポイントです。がんばって支払える金額が「できうる限り」なのであり、それ以上でもそれ以下でもありません。

不安な点は、任意売却業者に聞いて、誠意を持って対応すれば何事もなく進むことでしょう。

3）不動産売買契約書の原本確認

債権者の中には、その不動産売買契約が適切に行われたかを確認するために、不動産売買契約書の原本確認を行う会社があります。住宅金融支援機構が代表格としてあげられます。契約書の原本には、売買代金に応じた収入印紙（印紙税）を貼付する必要があります。印紙が貼っていなくても契約自体は法的に有効なのですが、債権者の立場からしますと、印紙の貼付されていない契約書は、原本として認めないとする傾向が強くあります。

もし、契約書の原本確認が決済日の段階においても確認できない、あるいは収入印紙が貼られていない状態ですと、場合によっては抵当権の抹消に必要な書類を引き渡してもらえず、事実上、決済が不可能となるケースもありますので注意が必要です。

なお、契約書の原本ですが、任意売却専門業者や状況によって、買主、売主それぞれ一通ずつ作成する場合もありますし、買主が原本、売主がその写しとして、一通のみの作成となることもあります。仮に契約書の原本ではなく、その写しだけが交付された場合、原本を保有する買主に決済日当日忘れないように持ってきていただく必要があります。

残債務について

無担保債務

ご自宅の不動産売買契約を締結し、決済日を無事に迎えたとしても、これですべてが終わるというわけではありません。不動産の売買手続きが終了したことは、あくまでも実務としての任意売却が終わったというだけです。むしろ、住宅ローンを借りて返済できなくなった方にとってはこれからが本番といえるかもしれません。

任意売却にせよ競売にせよ、ご自宅を売却した場合、住宅ローン債務の合計金額よりも不動産売却代金の方が低ければ、そこから差し引いた債務が残ります。

これまで不動産に登記設定された抵当権などの担保権がありましたが、不動産を売却することで抵当権などは外れましたので、借入金の担保はなくなります。それゆえ、この売却後に残った債務は「無担保債務」と呼ばれます。

任意売却をしたからといって、この無担保債務が自動的に消えてなくなることはないのです。

それでは任意売却が終わった後に残った無担保債務の処理について、どうすればいいのでしょうか。その処理の方法は大きく分けて二つあります。

一つは、金融機関などの債権者と任意で話し合いを行い、月々返済を行っていく方法で、もう一つは自己破産などの法的な整理を行う方法です。

それでは、次にそれら二つの任意売却後における無担保債務の解決方法について、実際にあった事例を見ていきましょう。

ケース1 債権者との任意での話し合いによる解決

Xさんは自宅マンションの任意売却を行うことで、金融機関などの債権者に対して、住宅ローン債務の返済を行いました。住宅ローンを借りていたのは、政府系金融機関である住宅金融支援機構、B銀行、C信販の三社です。

自宅の売却代金からの返済は次のページのとおりです。

第一順位である住宅金融支援機構の残債務1000万円は、売却代金の中からすべて返済することができました。

それ以外の債権者に対してですが、不動産を売却するにあたって、マンションの管理組合に支払う管理費や修繕積立金の滞納金、不動産売却に関わる仲介手数料などの諸経費を考慮しま

自宅の売却代金			1,700万円
＜住宅ローン債務の返済＞			
		残債務	配分
第一順位抵当権者	住宅金融支援機構	1,000万円	1,000万円
第二順位抵当権者	B銀行	900万円	570万円
第三順位抵当権者	C銀行	500万円	30万円
その他滞納金、仲介手数料等			100万円
合　計		2,400万円	1,700万円

すと、第二順位以下の債権者の住宅ローン債務を完済することは難しい状態です。

各債権者に対する配分金の受け渡しは、順位の早いほうから順番に行われていきますので、第三順位抵当権者であるC信販への配分金（いわゆるハンコ代）は、第二順位抵当権者であるB銀行との相談により決められます。

今回のケースにおいては、B銀行は売買代金を妥当であると認め、C信販へ30万円のハンコ代を拠出することを認めました。

C信販は当初50万円のハンコ代を主張しましたが、任意売却専門業者である私がC信販と交渉を行った結果、最終的には30万円のハンコ代にて抵当権抹消を承諾する旨の了解をとることができました。

＜任意売却が終わった後に残ったXさんの無担保債務＞

		残債務
第一順位抵当権者	住宅金融支援機構	0万円
第二順位抵当権者	B銀行	330万円
第三順位抵当権者	C銀行	470万円
合計		800万円

すべて完済した第一順位抵当権者の住宅金融支援機構に関しては問題はなくなりましたが、第二順位のB銀行とC信販には住宅ローンの無担保債務が残ります。

自己破産や法的な債務整理を行うことには抵抗を感じていたXさんは、残った債務についても責任を持って返済していこうというお気持ちをもっていました。

B銀行との話し合いにより、決済日の2ヶ月後より1年間は、毎月2万円の返済を行えば、給料差押えなどの法的処置をとらないという言質がとれました。1年後においては、収入と支出のバランスを考慮し、支払い計画を再検討しましょう、とのことでした。

これで第二順位の抵当権者との折り合いはつきました。

第三順位抵当権者のC信販は、債権回収業務の委託先であるDサービサーを通じて、最低でも月々5万円の返済をするよう求めてきました。

Xさんには第二順位抵当権者への毎月2万円の返済があります。第三順位に対しても誠意をもって返済をしようと考えていましたが、それでも頑張って返済できる金額には限度があります。第二順位抵当権者への返済額と同等の月2万円が精一杯のところです。

その旨をDサービサーに伝えましたが、相手は頑として月々5万円の返済金額にこだわり、2万円への減額には応じてくれませんでした。それでもXさんは何とかしようと、生活費を削ってでも返済金額の上乗せをはかろうとしましたが、それでもできて3万円がいいところです。Xさんの血と汗の結晶でもある毎月3万円という数字にも、C信販は首を縦に振ることはありませんでした。

結局、任意売却の実務が終了してから数ヶ月後、Xさんのもとへ一通の配達証明付内容証明郵便が届きました。その内容証明郵便のタイトルは「債権譲渡通知書」とあり、C信販が持つXさんへの無担保債権をまったくの第三者であるEサービサーに譲渡したというものでした。その文面は残債務の一括返済を求めるもので、期限内にできない場合は法的処置をとるとも書かれています。

おどろいたXさんは、その通知書にあわせて書かれていたEサービサーの連絡先へと電話をしました。電話対応したEサービサーの担当者は、開口一番、「今、いくらだったら払えますか？」と尋ねてきました。

Xさんがまとまったお金がないが、月々3万円の支払いだったら何とかなると伝えたところ、担当者は「それであれば月々3万円を1年間支払ってください。その後、一括で30万円支払ってもらえれば、この件を終わりにすることができますが、いかがですか？」と言ってきたのです。

結果としてXさんは、真面目に月々3万円の返済を1年間続け、その間に頑張ってためた30万円を支払い、もともと第三順位抵当権者のC信販から借りていた住宅ローン債務の問題は解決に至りました。

残りは、第二順位のB銀行だけになりましたが、子供の進学などの理由からいよいよ経済的に苦しくなり、Xさんは月に2万円を拠出し続けることが難しくなったのです。その事情をB銀行の保証委託先の担当者に話をしたところ、「それであれば、経済的に好転するまで月々2万円のところを月々5千円に減らしましょう」と減額に応じてくれたのでした。

その後、Xさんは途中減額をしてもらいながらも、第二順位の債権者に対して、三年間、滞納することなく支払い続けました。こつこつと真面目に返済していった甲斐もあってか、第二順位のB銀行からも「ある程度の金額を一括で返済することで終わりにしてもいい」という申し出を受けました。

こうしてXさんは、すべての債権者と任意での話し合いを誠意を持って行うことで、債務の返済を無事に終了させることができたのでした。

ケース2 自己破産などの法的な整理をすることでの解決

Fさんは G市にある戸建に住んでいましたが、折りからの不況によりFさんの勤めている会社が倒産しました。その数ヶ月後、何とか転職はできたものの、以前もらっていた給料の半分近くまで収入は落ち込み、住宅ローンの返済にそのしわ寄せがいったのでした。

Fさんは H銀行から住宅ローンを借りていましたが、6ヶ月以上に及ぶ住宅ローンの滞納後、H銀行からFさんの住宅ローンの保証を行っていたI保証会社に債権が譲渡された、自宅を任意売却することに同意を得られたといいます。

私のもとにFさんから相談があったのは、ちょうどその頃の話でした。

Fさんの自宅は市内でも良好な住宅街にあったため、1ヶ月と経たないうちに買い手は見つかりました。

住宅ローンを借りていたのはH銀行の一社だけで他の債権者はいませんが、一つ大きな問題がありました。Fさんが居住するG市への税金の滞納をしており、その金額は遅延損害金が重なり続け、結果として、非常に大きなものになっていたのです。タイミングが悪いことに、任意売却を行うことが可能となった時と同じ時期にFさんの自宅に税金の滞納に伴うG市からの差押えがなされたのでした。税金は遅延損害金も含めて、その金額は150万円になっていました。

任意売却を成立させるためには、金融機関などが不動産に設定した抵当権を抹消するほかに、自治体などが設定した差押登記も抹消しなければなりません。

自宅戸建の売却代金			2,500万円
＜住宅ローン債務と税金の未納分の返済＞			
		残債務	配分
第一順位抵当権者	H銀行（I保証会社）	5,000万円	2,370万円
G市役所税金滞納		150万円	30万円
仲介手数料等			100万円
合　計		5,150万円	2,500万円

不動産の売却金額は住宅ローンの残債務に追いついていません。抵当権を設定した債権者は一社だけですから、第一順位の抵当権者であっても全額回収はできない状況です。

私はI保証会社の担当者と話し合いをし、税金の滞納分について配分を認めてもらえるよう交渉を行うことで、しぶしぶではありますが30万円を出せる見込みがつきました。

債権者との話がついた後は、滞納した税金による差押えを解除してもらうべく、依頼人に同行してG市役所へと赴きました。

任意売却の際に滞納金の一部金として30万円を納付することによって差押え登記を外してもらえるよう直談判したところ、後日、その内容で合意するという電話をもらえました。

上記の配分案を元にして、債権者や役所に抵当権や差押え登記抹消の了解をもらい、任意売却を行った結果、不動産売却後のFさんの残債務は次のページの金額のとおりになりました。

任意売却を行った際に残った残債務の金額が大きく、またその後、H銀行（I保証会社）から支払うよう求められた月々の返済金額が8万円であり、今後の生活を考えると返済し続けていくこ

＜任意売却が終わった後に残ったFさんの債務＞

	残債務
第一順位抵当権者　H銀行（I保証会社）	2,630万円
G市役所税金滞納	120万円
合　計	2,750万円

とが困難な金額でした。

そこで私どもは、顧問弁護士と相談し他の解決方法を考えました。

その結果、ご自宅も売却し、目立った貯蓄もない状況において、Fさんに自己破産することを提案し、早々に手続きしてもらうことにしました。

弁護士に破産手続きを依頼して以降、I保証会社はもとより、それ以外に借り入れていた消費者金融などからも返済を求める督促は一切なくなりました。弁護士が担保の有無にかかわらずすべての債権者へ、Fさんが破産手続きを申し立てたことと今後の督促などの連絡はFさん本人ではなく弁護士を通してもらうことを通知したからです。

破産の手続きは粛々と進み、最終的には住宅ローンや消費者金融の債務が免除される免責を受けることができました。

なお、裁判所から免責許可の決定を受けることができたとしても、すべての弁済義務から逃れられるわけではありません。債務の中には、免責許可を受けても支払わなくてはならない債務があるのです。今回の場合ですと、Fさんが滞納していたG市の税金は、その支払わなければならない債務にあたります。Fさんにとって不幸中の幸いであったのは、G市が税金の未納分および未納に伴う遅延損害金120万円のうち、遅延損害金を大幅に削った元本＋αの90万円を三年間で分納することを認めました。月々2万5千円です。この金額であれば、なんとか支払うことができます。

任意売却後、自己破産を申請し、免責許可決定を受けられたFさんは、決められた金額の分納を三年間しっかりと支払い続け、晴れて債務が何もない無借金の生活に戻れたのでした。

残債務は放っておかないことが重要

任意売却後の無担保債務について、一番やってはならないことは、残債務の返済に関して何もせず、そのまま放っておくことです。もし支払えないということであれば、自己破産などの法的処置をとることが肝心です。

債権者側の担当者も、残債務の支払いが続けられるか、もしくは自己破産などの法的整理をされるか、いずれかの状態にならないと、いつまで経っても督促をせざるを得ません。担当者が度重なる督促を行っても、何ひとつリアクションがなければ、債権者は自社（もしくは自社が債権回収を委託したサービサー）による回収が不能であると判断し、滞納された住宅ローン債権を他のサービサーに売り渡します。

滞納された住宅ローンという不良債権を他のサービサーが買う理由はただひとつ、その住宅ローンの債務者からお金を回収することで儲けを出そうとしているわけです。サービサーの中には、他の債権者やサービサーが回収できなかった不良債権を買い取り、その債務者から債権回収を行うことを商売の主軸にしている会社もあります。そういったサービサーは、血眼になって回収すべく、即座に法的措置をとるべく訴訟を起こしたり、夜討ち朝駆けで自宅や会社を訪問してくるかもしれません。このように残債務を放置することで、いろいろと面倒な事態が引き起こされかねないのです。

それでは、無担保債務についてどう処理をするのがいいのでしょうか。

残債務がいくらであろうと自分のできる範囲で支払いを行い、債権者に対して誠意を見せることが一番重要なことだと思います。

ここで重要なことは、残債務の支払いについて、ご自身の「できる範囲」でということです。もし現実問題として残債務を返していくことが困難であったとしても、「払わない」という対応は避けた方がよいでしょう。「払わない」と「払えない」では、相手方が受け取る印象がまったく違います。

債権者側の担当者も同じ人間ですので、感情の部分のいざこざから事態がよからぬ方に向かう可能性も否めません。そういった余計なもめ事は避けた方が無難であるでしょう。

ここでいう誠意とは、仮に支払えなかったとしても、「残債務をそのまま放っておかない」ということも含みます。現実に残債務を支払うことが困難であるという話であれば、自己破産などの法的整理を検討する必要もあるかと思います。

私がお会いした依頼人の中には「借金は死んでも支払わなくてはならない」と思い詰めている方もいらっしゃいましたが、むろんのことながら、「命をかける」必要はありません。

あくまでも「できる範囲」です。極端な話かもしれませんが、毎月数千円しか余裕がなければ、それがその方の「できる範囲」だということです。

残債務の月々返済金額に債権者からの了承を得られない場合、どうなるのか？

債務者自身で算出した「できる範囲」の月々返済額であっても、まったく取り合わず、それを支払うことによって日常生活が困難になるレベルの金額を債権者側の担当者が要求してくることもあります。仮に債権者が大手金融機関（もしくはその関連会社である保証会社やサービサー）であっても、残債務の受付窓口になる担当者次第ではこのような対応を取られる可能性は否めないのです。

もし、債務者（元所有者）が提案した住宅ローンの残債務に対する月々の返済金額について、債権者が納得しなかったらどうなるのでしょうか？

なにぶん債務者と債権者の両者で月々返済額の合意が得られないのですから、債務者としてはご自身の「できる範囲」での支払金額を相手の承諾無しに振り込むことはできませんし、債権者もそのまま手をこまねいてはいられません。

債権者は、自社（もしくは自社の委託したサービサー）の力では回収することが見込めない債権だと判断します。そして、そういった回収不能と認定した債権を別のサービサー（債権回収会社）に売却処分するのです。ここで登場するサービサーは、債権者の関連企業であった当初債権回収実務を担ったサービサーではありません。これまでの任意売却の流れで名前が出てこない、まったくの第三者であるサービサーです。

債権者が回収不能と判断する住宅ローンを発端とする無担保債権は、現在の不景気な時勢も影響し、少なくありません。それらの債権を集めて他のサービサーにまとめて売却するというわけです。この売却を「バルク売り」と呼びます。バラバラの債権をまとめて売るという意味です。

もともと債権回収が可能であるのならば、他の会社に債権譲渡する必要などないはずです。債権回収不能と判断したからこそ自分の手から放出するわけですので、その価格は本来の債権金額を大幅に下回ったものになります。したがって、1000万円の額面の無担保債権を1000万円で売るわけではありません。

一説によりますと、サービサーの買取り金額は債権金額の2～5％ともいわれています。仮にそうだとしますと、1000万円の債権であれば、20万～50万円程度だというわけです。

もちろん、サービサーは自社の業務として回収不能案件の債権を購入しています。買い値がいくらであろうが請求する金額は実際に無担保債権として残っている金額です。

額面と比べていかに安かろうとも、少なからずのお金を払って債権譲渡を受けている以上、最低でも買った金額以上の金額を回収しようと督促実務を行います。

住宅ローン債務の債権回収業務を委託するサービサーは、大方がその金融機関などの関連会社であるといったつながりもあり、担当者次第の側面もありますが、どちらかといえば穏やかで、厳しい取り立てを行ってはこないと思われます。ですが、端から回収不能であると知りながら、それでもその債権譲渡を受けたサービサーは、回収業務にかける意気込みが違うのは当然のことといえましょう。

督促状などの郵便や引っ越し先や会社への電話あるいは訪問などによる、債務の回収がはじまります。回収作業にやっきになり、中には有無を言わさず債権譲渡と同時に支払いをするよう裁判所に訴えを起こすサービサーもあるほどです。

もっとも、最初から回収見込みの薄い債権であることもわかっているわけですし、債権金額の額面のままで当初の債権者から譲渡を受けているわけではありません。債権譲渡されたサービサーとの交渉や話し合い次第では、額面どおりの金額ではなく比較的安価に買い取ることができるかもしれません。これが債権譲渡を受けた際の大きなポイントとなり得ます。

実際にあった話ですが、私の依頼人に２０００万円近くの無担保の残債務があり、かといって、仕事の都合上、自己破産ができない方がいらっしゃったのですが、任意売却から第三者のサービサーに債権譲渡された後、１５０万円で買取った方がいらっしゃいました。その他にも

1000万円近くある無担保債権について毎月1万円の支払いを滞納することなく50回支払いすれば、債権債務の関係がなくなることを了承してもらった依頼人もいらっしゃいます。いずれにせよ債権譲渡を受けたサービサー（債権者）と残債務について合意ができたのは、誠意ある話し合いと「できる範囲」での支払いのたまものであると思います。

なお、基本的に任意売却専門業者は、不動産業者であって弁護士ではありませんので、不動産売却以外のことについて、依頼人の代理人として直接的に債権債務に関わる交渉を行うことはできません。

しかしながら、良心的な任意売却専門業者であれば、任意売却後についても熟知しているでしょうし、弁護士や司法書士といった司法関係の先生との連携で解決に導いていきます。わからないことがあれば、相談に乗ってくれる任意売却専門業者をパートナーとしておけば、後々も安心できると思います。

第４章
任意売却の最重要ポイント！
パートナーの選び方

第４章では、任意売却を行う上でもっとも大きなポイントとなる、パートナーの選定についてお話ししていきます。

任売専門の不動産業者と一般の不動産業者の違い

任意売却では、いっしょに問題解決にあたってくれるパートナー選びが非常に大切です。パートナー選びを失敗しますと、任意売却が思うようにうまくいかなかったり、何もしない状況で時間だけが過ぎ、結局競売になってしまったということにもなりかねません。

前提として、任意売却の実務は、不動産を売却する仲介を行う関係上、国家資格である宅地建物取引主任者を擁する不動産業者（宅地建物取引業者）のみが取り扱うことができます。

では、私どものような任意売却専門の不動産業者と一般市場の仲介業務を専門に行う不動産業者との違いは、どこにあるのでしょうか。不動産を販売し売却の仲介を行うという一点については、任意売却専門業者と一般の仲介業者のいずれも、業務として可能です。

ただ、任意売却は単純に不動産を売却する仲介業務ができればいいというものでもありません。通常であれば、不動産業者の仕事としては、不動産を売りたい人（売主）と買いたい人（買主）をマッチングさせる業務がメインですが、任意売却に関する不動産業者の役回りとしては、マッチング以外に債権者との橋渡し役を担わなければなりません。

通常であれば、売主と買主の二つの立場を結びつければ業務は終了するのですが、任意売却はもう一つの要素である債権者の立場も考慮に入れ、三つの立場を上手に融合させる必要があります。そうでなければ、任意売却はまとまりません。

任意売却は不動産業界の実務としても、専門性の高い分野です。

通常の不動産売買における仲介業務すべてをカバーしなければならない上に、民法や民事執行法、破産法などの法律はもとより、任意売却実務において知っておかなければならない知識の幅は多岐に渡ります。もちろんのことながら、ノウハウも必須要件でしょう。それに経験や知識、ノウハウは常にアップデートしなければなりません。これまでは通用していた任意売却の常識や考え方が、法律の改正や債権者の任意売却に対する取り組み方の方針変更などによって、今日には役に立たないということもよくあることだからです。

たとえば、細かい話ですが、これまで不動産業者が債権者に電話一本さえすればもらうことができた残債務記載の通知書が、今では個人情報保護の観点から、口頭ベースでの数字すら教えてもらえず、所有者への郵送でしか対応できないといったようなことです。今でも債権者によっては、郵送やＦＡＸであれば不動産業者に送付してもらえるところもありますが、事前に不動産業者にも情報開示する旨が記載された書面を必要とするところが多いです。

それに、これも気になる話だとは思いますが、以前と比べると債権者は、立退き料や引渡し料などの退去に伴う金銭提供について、かなり厳しい目線を持つ傾向にあると思います。

住宅ローン返済に関する相談を受ける際、借入れ先として挙げられることが多い住宅金融支援機構では、特に立退き料などの支払いを無条件では認めず、すでに自己破産をしているなどの特別な理由がない限り難しいという状況になっております。

　こういった現状に即した知識や経験、ノウハウなどを理解し、それでもお客様が新しいスタートを切るためにできうる限りのバックアップを行うのが任意売却専門の不動産業者というわけです。

　また、それらの知識や実務のノウハウを担うだけではなく、依頼を受けたお客様の精神的なケアも視野に入れ行動しなければならず、それゆえメンタルな部分での神経の細やかさや精神的肉体的なタフさも必要だと考えます。こういったすべてを兼ね備えなければ、任意売却のプロフェッショナルとはいえないでしょう。

不動産業者以外のコンサルタント ✓

不動産業者（宅地建物取引業者）以外の方でも、任意売却の専門家として、行動されている方もいます。たとえば、司法書士、行政書士などの士業の方や自称コンサルタントまで様々です。

入り口がどこであったとしても、最終的には、不動産業者の元に話がやってきます。任意売却には「不動産を売却する」という不動産取引が関わってきますので、たとえ弁護士であったとしても、単独で任意売却を行うことはできませんし、しません。

最終的に不動産業者の元に話が来るのならば、最初から、任意売却を専門に取り扱っている不動産業者に相談する方が、話が伝わりやすいでしょう。また、経由する関係者が多くなれば多くなるほど、余分なお金が発生する可能性が高くなります。たとえば、弁護士や司法書士、行政書士などの士業の方、特に弁護士であれば、相談するにも1時間いくらという相談料がかかることでしょう。

また住宅ローンというお金にかかわる大問題ですから、その問題に直面して困っている方が他の誰かに相談をされることは重要だと思います。自分ひとりで事実に直面していてもなにかと悪い方向に考えがちになってしまうので、なおさらです。

しかしながら世の中には、善意ではなく悪意を持って接してくる人もいますので注意が必要です。悪意を持って接してくる人の目的は、もちろんお金です。

こういった人間の特徴としては、常識ではありえないほどの有利な話をするところです。たとえば、根拠もなく大金を手に入れることができる、ですとか、根拠もなく自宅に住み続けることができる、ですとか、そういった話です。

正常な判断ができれば、誰しもがおかしいと思えるようなことですが、状況が状況だけに冷静に物事を見極められない事態に陥って、結局、言葉巧みな彼らの思うつぼにはまってしまう、ということもあるのです。

人生に大きく影響することですので、相談事は少なくとも信頼できる方にしていただければと思います。また相談をした先の相手の話に、根拠がまったく見えなかったり、最終的に己の利益のために行動するように見受けられた場合は、相談することをやめる勇気も必要でしょう。

弁護士

住宅ローン返済に困った際、任意売却専門の不動産業者と並び、もしかしたらそれ以上に、相談する先として真っ先に思いつくのが弁護士です。たしかに法律相談をする相手としては、弁護士ほど、頼りになる方はいないでしょう。ただ弁護士はあくまでも法律問題の専門家であり、必ずしも住宅ローン返済問題の専門家ではないのです。

私どもは弁護士の顧問先などからの依頼で不動産の任意売却のお手伝いをさせていただいております。ということは、任意売却に関しては誰が間に入ろうと、最終的には任意売却業者が入らないと取引ができないのです。

また、弁護士によっては、相談者の状況がどのようなものであっても、自己破産などの法的処置を進める先生もいるようです。弁護士の言うとおり、その指示に従わなければならない、破産をした方がいいと言われたら、そのとおり破産をしなければならないと思われる方もいらっしゃいますが、少し待って考えていただければと思います。

破産などの法的処置をとるためには、申立て費用や弁護士費用などのお金がかかります。また、住宅ローンを支払っていなかったとしても、自宅不動産の所有権があるうちは、立派な財産を持っている状況でもありますので、場合によっては、裁判所の命令により財産を管理し処分を行う破産管財人をつけなければならないこともあります。破産管財人が立てられると、弁護士費用などの他に破産管財人に関わる費用も支払わなければなりません。要するに余計な費用がかかるというわけです。

お金の話もそうですが、仮に破産管財人が選出されると自宅の処分方法は破産管財人に任せることになりますので、自分の意思で売却を行うことが難しくなります。自由意思での売却ができる可能性が著しく低くなってしまうのです。

もし、破産管財人が選出されなくても、依頼した弁護士主導での自宅売却になりかねません。また、破産管財人にせよ、弁護士にせよ、自宅の売却方法について、競売でもかまわないと思っている先生方もいらっしゃいます。こうした売却方針については自己破産などを依頼した段階ではまったくわからず、ただただ、いわれるがままに競売に向かって一直線で進んでいくこともありえるのです。

自己破産などの法的処置も視野に入れているということであれば、最終的に弁護士にお任せすることになると思いますが、その時期については、大きな財産である自宅を持っている段階で行う必要性はよほどのことがない限りないと思います。申立て費用や弁護士費用以外に破産管財人の費用もかかるかもしれないという金銭的、もしくは破産管財人が選出されたら自宅を自由意思で売却することができないという精神的な意味合いで、得策ではないと思います。

なお、ここでいうよほどのこととは、例を挙げていえば、消費者金融などの無担保債権（不動産に抵当権などの担保権を設定せずに、もしくは借金のカタを取らずに貸したお金のこと）の取立てが非常に厳しく、一日も早く、この取立て地獄から解放されるために、自宅があったとしても自己破産の道を選ぶというようなことです。

それ以外の方であれば、急いで自己破産などをする必要性は薄いでしょう。

そうであれば、任意売却を専門に行っている不動産業者に相談や依頼をするのが、任意売却を成功させ、競売を回避するための、最も早い近道であると思います。

パートナー選びの基準

任意売却を成功させるためには、一も二もなく頼りになる任意売却専門業者を見つけ、依頼すること、これに尽きます。

それでは、信頼できる任意売却専門業者をパートナーにするための選定基準としては、どういったものが挙げられるでしょうか。これは非常に重要なポイントですので、事前相談の段階で細かくチェックしていきましょう。

なお、任意売却は任意売却専門業者の会社の規模やブランドネームの立派さで行うものではありません。成功するかしないかは、あくまでも会社や実務担当者の力量に大きくかかわってきます。

パートナー選びの主導権は、常に相談者にあります。しっかり見極めて決めてください。事前相談をする下調べ編と実際に会って相談をする面談編にわけ、よりよいパートナーを選ぶための極意をお伝えしましょう。

パートナー選びの基準 下調べ編①

「顔が見えるホームページであるかどうか？

今は少し前までの状況とは異なり、任意売却専門の不動産業者は多数存在します。Yahoo!やGoogleで「任意売却」と検索しただけで、それこそ星の数ほどの業者が検索されます。

最近、気になるのは検索で上位を占めている企業は不動産業ではなくホームページ制作会社やホームページ運用をメインにしている企業が多いように思えることです。

まずは、会社の顔が見えるホームページであるかどうかだと思います。代表者やスタッフが顔を出しているということは、一つの大きなポイントだと思います。お客様に対して責任をもって任意売却業務を行っているということのあらわれであると考えます。

パートナー選びの基準 下調べ編②「任意売却の料金はしっかりと記載されているか？」

任意売却を行うにあたっての料金について、最初の段階で包み隠さず伝えていないところは信用に値しないと思います。突然、相談料や販売企画料、広告費などが必要だといわれても困るのは相談者なのです。そういった不測の事態を引き起こされないためにも、料金についてはホームページ上に記載しているのが、当然の姿であると思います。

任意売却専門業者とはいえ、不動産業者（宅地建物取引業者）に変わりはありません。任意売却を行うにあたっての報酬は、一般的には、不動産売却にかかるいわゆる正規の仲介手数料の金額となります。

この正規の仲介手数料の速算式は、

不動産売却価格×３％＋６万円＋消費税

となります。

この仲介手数料は、テレビなどのマスコミで広告宣伝しているブランドネームのある会社から町の商店街にある小さな会社まで、どこの不動産業者に依頼しても必ずかかる金額であるとお考えになってください。

なお、仲介手数料は、依頼をした相談者が支払うものですが、あくまでも任意売却が成立した場合に限る成功報酬です。売買が成立する前から請求されることはありませんし、不動産を売却した代金の中から配分金という形で支払うことになります。大切なお手持ちのご資金から支払っていただくということにはなりませんので、ご安心ください。

しかしながら、この料金体系はあくまでも良心的な任意売却専門業者のものです。

料金の記載が明確に記載されていない業者、特に不動産業者ではない任意売却コンサルタントなどに任意売却を依頼した場合、相談料や広告料、紹介料などの名目で、仲介手数料以外の金銭を請求されることがあるようです。

料金の記載の有無は非常に重要なポイントであると思います。お金に関わることですので、そこに依頼したら、実際にどういった報酬がかかるのか。よくよく理解されてから、お選びになるのがよろしいでしょう。

パートナー選びの基準 下調べ編③
「電話応対から誠意を感じ取れるかどうか？」

ホームページを熟読し、信頼できそうな任意売却専門業者を見つけたら、次は電話をかけ事前相談をする段階へと進みます。

やはり、任意売却を成立させるという大きな目標に向かって、一緒に行動し一緒に動いてくれる人を見極めるためです。電話相談の段階でもしっかりとチェックしていくのがよろしいでしょう。

電話応対についても流れ作業のように機械的に事務処理を行うという感じではなく、実務担当者が真剣に考え、自分の言葉で誠意をもって対応してくれるか否かが重要です。

その会社にとっては、任意売却の相談は日々持ちかけられるものかもしれませんが、電話をかけた方にとっては自分自身が抱える大きな問題であるわけです。こういったことをきちんと理解している担当者であれば、親身になって一緒に問題を考えてくれることは当然のことでしょう。誠意がなければお互いの信頼関係は構築できず、結果として任意売却を成功させることは困難になると思います。

パートナー選びの基準 面談編①
「実際に訪問して、会社と担当者を判断する」

電話だけでは言葉だけの世界ですので、実際のイメージとは異なることがあります。ここはやはり、実際にあって話をすることが重要であると思います。なかには、事務所が無かったり、宅地建物業者免許を持たずに営業している会社もあるようなので、ご依頼の前に必ず一度は訪問することをおすすめします。

東京にある宅地建物業者の免許取得の有無については、東京都のホームページより検索できます。
http：//www.takken.metro.tokyo.jp/

事務所に行けば、会社や担当者のスタンスや方針がわかります。

レフォルマの相談室

パートナー選びの基準 面談編②
「その会社や担当者は、どういった方針や目的で任意売却を行い、その後どうしてくれるのか？」

自宅不動産を売却して、住宅ローンの残債務に充当し、債務の圧縮に努め、競売を回避する。これが任意売却を行う大きな目的です。

ただ任意売却と一口にいっても、売却だけを行って後はフォローがあるのか。会社や担当者によって、取り組み方は異なる場合が多いです。

後々になって、知らなかったとか、聞いてなかったとか、そうだと思っていたのに……などといったようなことが起きないためにも、最初から下記のことは聞いておいた方がいいかと思います。

「どういった方針や目的により、任意売却を行うのか？」（単に残債務の圧縮のために自宅を売るのか？）

「自宅不動産を売った後はどうなるのか？」（どういったアフターフォローがあるのか？）

こういった任意売却を行う上での根本的なことを質問し、それらに的確に答えられないような業者は、注意した方がいいかもしれません。

パートナー選びの基準　面談編③
「担当者が適当なことを言ったり、嘘をついていないか？」

任意売却を成功させるためには、相談者と実務の担当者との間で信頼関係が構築できるかどうかが、大きな問題です。信頼関係を構築するためにはお互い努力が必要で、こつこつと積み上げていく必要があります。苦労をしながら関係を作ったとしても、たった一つの嘘でその関係は大きく崩れ落ちるのです。

ですから、嘘をつく担当者は問題外でしょう。適当なことをいう担当者も同様です。その担当者がどういった人間なのか。実際に会う前に、今の状況や悩みを踏まえ、質問を箇条書きにしておくことをおすすめします。そして、面談の際にそれらの箇条書きした質問や悩みの解決方法について聞いてみましょう。

質問や悩みをぶつけたときに根拠や理由もなく「大丈夫」だと連呼したり、状況を理解していなさそうなのに「大船に乗ったつもりで任せてください」と大きなことをいうような業者には注意してください。

打てば響くように的確に答えてくれる担当者であればまず安心ですが、仮に即答できなかったとしても、相談者にその旨をきちんと伝え、しっかりと調べた上で疑問点を解決する道筋を教えてくれる担当者の方が、適当な答えを述べたり嘘をつくような担当者より格段に信頼できます。

パートナー選びの基準 面談編④
「担当者が本音でぶつかってくれているか？」

任意売却実務を担う担当者が本音でぶつかってくれるかどうかは重要なポイントです。

担当者が単に丁寧な口調であっても、相談者の利益を考えていなければ、相談する意味はないでしょう。それに、本音でぶつかってくる担当者であれば、誰もが口に出せるような通りいっぺんの答えなどしません。

大変な状況に陥っているご自身に対して、いたわりであるとか熱意であるとか、そういた気持ちを担当者から感じ取ることができるかどうか。そして厳しい話であったとしてもその場を取り繕ったりごまかしたりするのではなく、嘘偽りなく真実を述べてくれるかどうか。

任意売却を成功させるためには、嘘や建前ではなく、本音で語ってくれる担当者が必要であると思います。精神的なことで少し漠然としていますが、これもまたパートナー選びの重要なポイントでしょう。

パートナー選びの基準 面談編⑤
「フットワークが軽く、スピーディーに動いてくれるかどうか？」

任意売却の実務を行うにあたって、担当者のフットワークの軽さと対応スピードの速さは非常に重要なポイントです。たとえば、どうしても今すぐ知りたいことが頭に浮かんだとします。けれども担当者が休みで会社に電話をしても連絡がつかず、結局、会社に出ているときにしか話をすることができないということでは、フットワークが軽いとはいえません。依頼人であれば、いつでも気兼ねすることなく電話をかけられる環境を作り上げるのも担当者の熱意でありますし、フットワークの軽さにもつながると思います。

フットワークの軽さは仕事のスピードの速さとも比例します。フットワークが軽ければ軽いほど、仕事のスピードも速いのは当然の成り行きかと思います。

レスポンスの速い人ほど、仕事ができる可能性は高くなります。それゆえ仕事の迅速さは、任意売却を成功に導く、ひとつの鍵といっても過言ではありません。

パートナー選びの基準 面談編⑥
「しつこい営業かどうか？」

他人から、しつこいとか非常に強引だと受け取られかねない営業をする会社や担当者は、お客様から依頼を受けた任意売却を成功に向けて動くというよりも、任意売却の案件依頼を受注する方にウエイトを置いているということになります。球数をそろえることで下手な鉄砲数打てば当たる方式でやっていこうという方針が透けて見え、こういった業者は結果として、肝心要のお客様のためには動かないのでは、と思うのです。

また、会ったが最後、絶対に自分に任せないと任意売却は失敗するといわんばかりの対応で押し迫ってくる業者にも注意が必要でしょう。

任意売却は業者との間に信頼関係を構築し、行っていくべきものだと考えます。

それに最終的にパートナーを選ぶのは、相談者であるお客様です。担当者の勢いには流されず、冷静に判断していくのがよろしいかと思います。

パートナー選びの基準 面談編⑦

「裏付けのない多額のお金を前面に出してくる業者には要注意」

今後新しい生活を始めるために、当然、お金は重要です。

任意売却専門業者は、ただ不動産を売却するためだけに存在しているのではないと私は思います。ご自宅を売却した後の不安に対するアフターフォローも大事ですが、それと同時に、引っ越し代や引渡し料などの名目を問わず、お金を配分案の中に組み込むことができるように努力することも必要であると考えます。

その実現のためには知識や経験、ノウハウに基づいた戦略と実践がなければなりません。ただそれであっても、絶対的にお金を作り出すことができる保証はあり得ないのです。

「100万円の引っ越し代を絶対にもらえると言われたから、急いで次の引っ越し先を見つけたのに、引渡しをしてからかれこれ3ヶ月以上経つのにまだ引っ越し代をもらえないのですが……」

「ある業者の言った、相場よりも高く売れるノウハウがあるから、相場を超えたその差額分の金額をまるまる引渡し料として渡せる、という言葉を信じて任意売却を任せたのですが、結局、売れたはいいものの売買代金が相場よりも大幅に下だったため、差額分が一切もらえなかったのです。この場合、約束されたお金を業者に請求するためには、どうすればいいのですか？」

私どもの住宅ローンにお困りの方の相談窓口には、こういった任意売却が終わった方からの問い合わせもたくさんいただいております。ですが、他業者さんが行った結果につきましては、残念ながら私どもではお力になることはできません。引っ越し代などのお金に関わることならなおさらです。

ちなみに、引渡し料などの名目にかかわらず、その金額をはじめから確定するのは難しいことです。多額の引っ越し代の確約や相場よりも高く売り、その差額分を提供するといったような話は、あまり現実的なものではありません。

私どもの相談窓口に相談をされる方がいらっしゃるということは、それだけ多額のお金を渡すことを確約しておいて、任意売却の依頼を受け、結局、約束を反故にして、そのままなしのつぶてを決め込む業者がいるということなのでしょう。同じ業界で仕事をしている人間としては、非常に恥ずかしいことです。

良心的な任意売却業者であれば、このような実現性に乏しいセールストークはしないと思います。引っ越し代や引渡し料などのお金の話も含めて、きちっと現実的な話をしてくれることでしょう。根拠をもって説明してくれるのであれば別ですが、裏付けのない形で多額の現金を渡せるなどといって、依頼を受けようとする業者には注意が必要です。

第５章
任意売却で問題解決
成功事例集

第５章では、実際に任意売却を行うことで住宅ローンの重圧から解放され、新たなスタートを切ることができた方の実際の事例をみていきたいと思います。

会社倒産

（Aさん　30代後半　元OA機器販売会社部長代理）

寝耳に水の倒産

新宿にある中規模のＯＡ機器販売会社に勤めていたＡさんは、新卒で入社したその会社一筋15年のベテラン社員でした。Ａさんの役職は本店営業部の部長代理で、下には10人の部下がいます。

Ａさんは月曜日から土曜日まで朝７時には出社し、ひたすら仕事の毎日、家に着く頃には12時を過ぎている。そんな激務をこなしていました。

ＯＡ機器販売業界は、生き残り競争が激しい業界らしく、新卒で入った同期20人の半分以上が1年後には退職しており、5年後にはわずか2、3人になったといいます。そんな過酷な生存競争を生き抜いてきたＡさんでしたから、年収は相当よかったそうです。それと比例するように支出も多かったため、貯金自体はほとんどありませんでした。

Ａさんには、専業主婦の奥さんと小学生のお子さんが二人いました。

住宅ローンを組みましたが、都心から私鉄で1時間もかからない緑豊かで住環境良好なベッドタウンに4LDKの庭付き戸建をかまえることができたのです。会社人間で一切家庭を顧みていないという自覚があったAさんでしたが、その分、家族には大きな持ち家もあり、経済的にはめぐまれた生活を送らせているという自負がありました。

しかし、そんな仕事一筋のAさんに大きな転機が訪れることになります。

Aさんの人生のよりどころである会社が倒産したのです。寝耳に水の出来事でした。

突然、無職に……

世界的な金融危機による経済への逆風が吹きすさぶ時期のことでした。景気悪化に伴い業績が悪くなったところに、本業以外の投資の失敗で巨額の損失です。Aさんの勤めている会社はこの悪化した経済の状況に耐えきれず、経営破綻したのですが、Aさんを含む社員は、その最悪の事態を前もって知ることはありませんでした。

会社倒産のXデーは、ある日、突如としてやってきたのです。

その日、いつもどおりの時間に出社すると、入り口の前で他の社員たちがたむろし、途方に暮れていました。社外で群れをなしているその光景をAさんは不思議に思い、ドアの前にいる社員たちに「どうして中に入らないんだ？」と尋ねると、一人の社員が一言も口を開くことなく、入り口ドアを指さしました。

そのドアには一枚の紙が貼られていました。その紙こそ、会社が倒産したことを告げる、死亡宣告の書面だったというわけです。ドアの鍵が開いておらず、社員であったとしても、会社にすら入れない状態だったのです。

振り返って思い起こしてみれば、会社倒産の予兆といえそうなことは続いていました。たとえば、経理を担当する社員が突如として退職したり、役員たちの会議の時間と回数が増えたり、今まで顔を出したこともない顧問弁護士が幾度となく社長のもとを訪れたりもしました。それに数日ではありましたが、給料の遅延もあったのです。

どれもこれも、会社が傾いているからこその傾向だったのか、とこの段において妙に納得したのでした。

もっともAさん自身はわりとよい営業成績を上げていたため、景気が悪いことをあまり実感していませんでした。それゆえに会社を取り巻く環境がそこまで悪化していたのか、となおさら驚いたというわけです。

会社は再建されることなく、そのまま清算されることになりました。Aさんは解雇されることになったのです。

再就職活動の結果

会社が倒産し、勤め先がなくなったAさんでしたが、当初は余裕があったそうです。失業保険もあるし、それよりもなによりも自分にはこれまで培ってきた営業力がある。自分の力を欲する会社など、ごろごろある。だから、失業保険が切れるまでに再就職することなど簡単だ。そう思っていたそうです。

たしかに再就職活動を始めた途端に、Aさんを迎え入れたいという会社に出会ったのですが、しかし、Aさんは自分の価値に報酬が見合わないと断ったのでした。

実際のところ、失業保険が切れるまで時間には余裕がありましたし、もっと活動をすればもっと条件のいいところが見つかる、と思っていたのでしょう。

しかし、現実は甘くはありませんでした。

Aさんは営業としては抜群の人材なのかもしれませんが、自分が思うような立場と給与をもらえる会社は見当たりません。それどころか、Aさんは大抵の会社から書類選考の段階で振い落とされ、面接に進んでもあっさり落とされるという繰り返しでした。

就職さえすれば、これまでどおりの生活を維持することができると思っていました。生活レベルを下げることはできず収入よりも支出の方が多いので、少ない貯蓄はみるみるうちに減っていきました。

結局、失業保険が切れてから数ヶ月後に再就職した先は、これまでとは畑の違う運送業の小さな会社でした。

なぜ、これまでとはまったく関係のない運送業界に入ったかというと、自分はＯＡ機器の営業マンだったが、同業の会社に入っても、立場もなく一介の営業になって一からやり直すくらいだったら、これまで経験したことのない業界で一からやった方がまだましだ、というプライドの問題だとのことでした。

未経験の業界に入ったのですから、むろんのことながら収入は大幅に減少しました。

専業主婦だった奥さんもパートに出るなどして、なんとか家計をやりくりしようとしましたが、生活レベルはさほど下げることができず、口座の残高もなくなり、住宅ローンを支払えなくなったのでした。

不意打ちの訪問

住宅ローンを滞納した最初のうちは、自宅に督促状が届くだけでも、今後どうなるのだろうか、ものすごい取り立てに遭うのではないか、と不安を覚えていたＡさんでしたが、定期的に郵便物が届くだけで自宅への訪問や電話すらなかったので、すっかり拍子抜けして、いつしか、そのような状況にすっかり慣れきってしまったのです。

さすがにその頃になりますと、使えるお金が少なくなってきますから、生活レベルは自然と以前と比べたら比較にならないほど落ちました。

しかしながら、住宅ローンを支払っていないのに催告書が届くだけでそのまま家に住んでいることができるなんて状況が、ずっと続くなどということはあり得ません。滞納から6ヶ月を過ぎたあたりに事態が動きました。

それは、期限の利益（住宅ローンを分割できちんと支払っていけば、お金を借りた債権者から残債務の一括返済を求められない利益のこと）の喪失を告げる通告書と、保証会社が代位弁済をした旨の通知書が届いたことからはじまります。

保証会社は、住宅ローンを借りた際の連帯保証人です。住宅ローンを借りた人がローンの返済を滞らせたら、債務者の代わりにその残債務を支払います。これを「代位弁済」といいます。今回の保証会社は、B銀行系列のB保証会社でした。

もちろん保証会社はあくまでも連帯保証人です。債務者が支払うべき残債務の肩代わりをしただけに過ぎませんし、金融機関などの債権者にお金を払ったことで、保証会社自体が新たな債権者になったというわけです。

保証会社は、系列にあるBサービサー（債権回収会社）に債権回収の委託を行いました。

そのサービサーの担当者がAさんの休みの日を見計らったかのように、突然自宅に押しかけてきたのです。Aさんからしてみたら、不意打ちの訪問でした。

ドアを開けたAさんに担当者は名刺を差し出しながら、開口一番言いました。

「返せないんだったら返せないって、なんで一本くらい連絡を入れないんですか？」

なにも答えられないAさんとは対照的に、担当者は一方的に話を続けます。

その勢いに圧倒され、少なからずショックを受けたAさんは担当者の言うがまま、自宅を任意売却することに同意したのでした。

任意売却は誰のため?

担当者訪問の翌日、Aさんの携帯に一本の電話がかかってきました。

ある不動産業者からでした。

「Bサービサーさんから紹介を受けたC不動産の者ですけど」

電話口で彼はそう言いました。

Bサービサーの担当者には携帯番号を教えましたし、任意売却を行うことには合意しましたが、まさか自分の了解なく、知らない不動産会社に自分の携帯番号が伝えられるとは夢にも思ってはいませんでした。しかも話は自宅を売ったときのことにまで及びました。話の展開の早さに、驚きのあまり戸惑っていたAさんの耳元には、こんな声さえ届いたのです。

「Bサービサーさんのためにも、こんな家、早く売っちゃいましょう」

たしかに自分は職がなくなったことで住宅ローンを支払えなくなった身です。Bサービサーの担当者の話を聞いて、いずれにせよ、そのまま家に住み続けることはできないことくらいはわかりました。任意売却を行うからには、早く決着をつけたいとも思っていました。けれど、自分が汗水垂らして家族のために購入した自宅を「こんな家」呼ばわりし、あからさまに「Bサービサーさんのために家を売れ」と言い放った不動産業者に、Aさんは心情的に任せたくはありませんでした。

とりあえず、C不動産には答えを留保したAさんは、インターネットで任意売却専門業者を調べました。そして、Aさんにはそのうちの一社として、私どもの相談窓口に電話をしてくださったのでした。電話口に出た私は、Aさんの悩みや現状をしっかりとお伺いし、それに対して答えを出しました。

Aさんが特に気にされたのは、「任意売却を行う任意売却専門業者（不動産業者）は、債権者（サービサー）が指定する不動産業者でなければ絶対に駄目なのか？」ということです。

私はこう答えました。

「任意売却は、その名のとおり、所有者が自らの意思で行う売却ですので、所有者の主導で行われるものです。ですから、仮に債権者が不動産業者を指定しても、しっかりと話をすれば、所有者（債務者）側の不動産業者であっても、任意売却を行うことを認めてくれるケースが多いです」

債権者から依頼を受けた不動産業者は、全部が全部とはいいませんが、どちらかといえば、債権者側の意向をくみ取る傾向にあります。そうであれば、所有者（債務者）側の意向をしっかりと受け止めてくれる不動産業者に最初から依頼した方がよりよい結果となる可能性が高くなります。

任意売却は、他ならぬ、所有者（債務者）自身のために行うものであり、決して債権者のために行うものではないということです。

後日、Aさんとお会いし、正式に依頼を受けた私は、まずは不動産の市場価格を知るために査定を行い、おおよそどのくらい債務が残るのかをシミュレーションしました。

価格査定の結果、市場での成約想定価格は、3000万円前後でした。

Aさんの残債務は、住宅ローンを借りた第一順位抵当権者であるB銀行に3350万円と自宅を購入した際の諸経費分のローンを借りた第二抵当権者のC信販に150万円の二社合計で3500万円となっています。

債務合計金額から成約想定価格を単純に差し引いたとしても500万円で、そこに経費分が加わることになります。

残りの債務についてどうするかは、その状況に応じて考えていきたいが、できるかぎり、自己破産はしたくない、というのが、Aさんの意向でした。

任意売却できない!?

Aさんから依頼を受けた私は、早速、Bサービサーに連絡を取りました。

Bサービサーの担当者は渋々ではありましたが、債権者側ではなく、所有者（債務者）側で選定した不動産業者の私が任意売却実務を担当することを認めました。

早速AさんとBサービサーに話をして、販売価格を了承してもらいました。

今回の販売価格は3000万円です。第一順位であるB保証会社も全額回収はできません。この場合、第二順位の抵当権者は、債権金額には満たないけれども、ある程度の金額（いわゆるハンコ代）で抵当権の抹消に応じることが通常です。

なぜならば、仮に競売になった際には、抵当権などの担保権が設定された順番に売却代金から配分を受けることができます。第一順位の債権者であればまだしも、下位の債権者の場合は、配分金を1円たりとも受け取れないということもざらにあります。

そうであるならば、競売になってまったくもらえないよりかは、任意売却で幾ばくかのハンコ代をもらった方がいいという考えです。

Aさんから聞いたC信販の担当者に任意売却を行う旨の連絡を取ろうと電話をしたときです。C信販の担当者は、驚くべきことを口にしました。

「任意売却とのお話ですが……。たしかにAさんは一度滞納されましたけど、今はもう滞納分はありません」

滞納をしていない……？

私は思わず聞き返しました。

「もしかして、正常債権ですか?」

「はい、正常債権です」

担当者いわく、一時期、C信販の滞納が4ヶ月分くらいあったものの、一度、督促をかけたところAさんの奥さんが出たので、支払うようご主人に伝えてくれと言ったら、即日、支払いが行われたとのことです。

正常債権とは、不良債権とは異なり、毎月決められたとおりにきちっと支払われているものです。

一般的に任意売却は、一定期間、ローン債務の滞納が行われていなければなりません。今回のケースは、B銀行の住宅ローンの滞納は6ヶ月間されていたものの、C信販の諸経費ローンの滞納はない状態です。これでは任意売却はできないことになってしまいます。

C信販の担当者との電話をいったん切ると、私はAさんに電話をして、時間を作って会ってもらえるようアポを取りました。その際、奥さんにも同席してもらえるよう伝えました。

この件は少しナーバスな問題を抱えています。C信販の担当者の話から考えると、住宅ローンの滞納を解消してしまったのは、Aさんではなく奥さんの方でしょう。

下手をすると任意売却ができない、といった内容を電話口でAさんに伝えてしまったら、間違いなくAさんは奥さんを責め立てるでしょう。それが原因でAさんと奥さんの関係がこじれ、最悪、夫婦仲が壊れてしまうかもしれません。

そういった事態を避けるためにも、実際に会って話をするのがベストだと思ったのです。

翌日、Aさん夫婦と会った私は、C信販の担当者から聞いた現状を包み隠さず話をしました。

Aさんはひどく驚いていました。

「自分はどちらも滞納していたと思っていたのですが……。まさか、そちらの方だけ支払われていたなんて……」

Aさんの奥さんによると、滞納分はたしかに自分が支払ったとのことでした。

奥さんは、できるだけ滞納をしない方がいいと思い、手持ちのお金でC信販分の滞納金を支払ったそうです。銀行口座はすでに空になっていたので、わざわざ銀行まで振り込みに行ったのでした。Aさんにその旨を伝えなかったのは、新しい会社で慣れない仕事をしている旦那さんにお金の相談をすることで余計な負担をかけたくなかったという奥さんの思いだったようです。

B銀行の滞納金はどう転んでも返せない金額になっていましたが、C信販のそれは、もともとの返済金額が少額だったということもあり、滞納しても少しばかり頑張れば返済できるくらいの金額であったことが、仇になったというわけです。

Aさんは余計なことをしやがってとばかりに、奥さんに怒りをぶつける寸前でしたが、私は

Aさんを止めました。

「今回の件は、決して奥さんが悪意をもって行ったことではなく、Aさんに余計な煩わしさをもってもらいたくないと思った、優しさゆえの行為です。だから、奥さんを責めないでください。それに今回は私がついています。一緒に頑張って、この状況を挽回していきましょう」

私は、Aさん夫婦の前でそう断言したからには、この道のプロとして、なんとかするしかありません。

現状から考えると、第一順位の債権者は、わざわざC信販の債務の一定期間の滞納を待ってまで、任意売却に協力してはくれません。そこまで時間をかけるのならば、早いところ競売で処理をしたいという話です。

もしくは今から自己破産の申立てを行うという手もありますが、不動産を所有している段階で申立てを行うと、裁判所から破産管財人が選任される可能性があります。

その場合、追加で多額の予納金が必要となりますし、自分の意思で売却することができません。第一、自己破産はAさんが望んでいることではないのです。

起きた事実を変えることはできません。そうであるならば私が取るべき道はただひとつ、C信販を説得するしかないというわけです。

私はC信販の担当者に連絡して、訪問アポをとりました。こういった話です。電話よりも実際に会って話した方がいいと思ったからです。それが相手に対する誠意のあらわれでもあるとも考えました。ただ債権者は、不動産業者単独では会ってくれないことが多く、Aさんにも時間を作ってもらいました。

私とAさんは、連れだってC信販の本社へと行きました。約束の時間からたっぷり二十分は待たせてようやく担当者が登場しました。

私は隣に座っているAさんの現状について話しました。

しかしながら、担当者はうんざりしたような顔で言います。

「ですが、正常債権の状況で任意売却に応じることができないのは、不動産業者さんであればわかっていますよね？　それ以下でもそれ以上でもなく、それが答えですよ。もし早い段階で行いたいという話であれば、自己破産をするしかないです」

「それはわかっています。しかしながら、ご理解していただきたいのは、Aさんは、自己破産することなく、できるだけ頑張って支払っていきたいと考えています。もちろん第一順位の債権者だけではなく、御社に対してもです。ただ任意売却を行うために、今すぐ、御社に一括で支払うことは困難です。すでに第一順位の債権者の債務は滞納していますので、任意売却を行わなければ確実に競売の申立てがなされます。そうなりますと、任意売却よりも下の金額で落札されますので、当然、債務が増えますし、それだけ御社に対する返済も困難になるという話になりかねません。この点、なにとぞお考えになっていただければと思います」

ずっと頭を下げがちのAさんを横目にしていますと、なにがなんでも任意売却できるようにしなければ、という思いで私は胸がいっぱいになっていました。

当初はまったく乗り気ではなかったC信販の担当者でしたが、根負けをしたかのようにこういってもらえたのでした。

「ご意向はわかりました。ただ私も一介のサラリーマンですので、決裁権はありません。上に話をしますので、1週間程度、時間をください。私も担当者として、Aさんに全額繰上償還請求してもらえるよう、上に掛け合います」

住宅ローンを借りる時の契約書の内容に違反しますと、期限の利益が喪失します。その際、銀行は住宅ローンの残債務を一括で返済するよう求めますが、これを「全額繰上償還請求」といいます。全額繰上償還請求がされれば、流れとして任意売却を行うことができるのです。

C信販の担当者と会った3日後のことです。担当者からAさんに電話がかかってきました。その電話の内容ですが、さすがにまだ未納していない状況なので、今すぐとはいかないけれども、1ヶ月分の滞納で全額繰上償還請求を行うことに同意しました、とのことでした。

待ち時間が6ヶ月間ではなく、1ヶ月であれば、まだ第一順位の債権者に対しても申し訳が立ちます。

こうして任意売却ができない、という最悪の事態を回避することができたのです。

無事に任意売却成立！

販売開始から1ヶ月も経たないうちに、Aさんの自宅を買いたいという購入希望者があらわれました。販売価格は3000万円でしたが満額で話が入りました。

早速、配分案を作成して、各債権者の担当者に連絡を取ります。売買が成立した際、不動産の売却代金を次のページにあるとおり配分していいのか、稟議にあげてもらいました。

配分案の稟議もとおり、無事、契約を行い、残りの残金を支払ってもらい、所有権を相手方に移転する決済日を迎えました。その日までにAさんは引っ越しを完了させました。

売却代金の中から引っ越し代も出してもらうことができ、こうしてAさんは新しい再出発を切ることができたのです。

決済が終わったあと、Aさんは私の手を握り、こう言いました。

「任意売却ができないという事実を聞いたとき、正直言って、その原因を作った女房に腹が立って腹が立ってしょうがなかったです。あのとき、伊藤さんが止めてくれなかったら、伊藤さんがなんとかすると言ってくれなかったら、自分たち夫婦はもう終わっていたと思います。

あの後、冷静になって考えてみたんです。お金があって自分が家をほったらかしにしていたときも、お金がなくて家族につらい目を遭わせていたときも、どんな状況でも女房は文句一つ言

【Aさんのケースにおける配分案】

売却代金		3,000万円

＜住宅ローン債務の返済＞

	残債務	配分
第一順位抵当権者　B保証会社	3,350万円	2,834万円
第二順位抵当権者　C信販	150万円	30万円
仲介手数料（物件価格×3％＋6万円＋消費税）		101万円
抵当権等抹消費用		5万円
引っ越し代		30万円
合　計	3,500万円	3,000万円

わず、自分についてきてくれたんだなってことに気がつきました。それに大元の原因を作ったのはすべて自分です。もし誰かが悪いとするならば、自分が悪いんです。女房はまったく悪くない。今はお金がないけれども、ただ今の自分には、家族がいる。ただそれだけで、いや、それだからこそ、幸せなんだとようやく気づきましたよ」

Aさんの思いがしっかりと伝わってきました。

その後のAさんですが、任意売却を行っても大きな債務が残ったのは事実です。

しかしながら、Aさんはできる限り自己破産はしたくないとの意向です。毎月毎月、現在のAさんの収入でも無理なく支払っていける程度の金額の返済を行っていくことで、両債権者ともに合意に達しました。

それ以降、Aさんは、真面目にこつこつと返済を続けました。

あれから、三年。

先日、久々にAさんから連絡があったのですが、なんでもB保証会社から50万円の一括支払いで残りの債務返済を終わりにしてもいい、といった提案を受けたそうです。

そして、新しい生活にはすっかりと馴染んで、奥さんとは任意売却をきっかけにお互いを気づかい、思いやりを持って接することができるようになり、以前よりも増して幸せに暮らしているとのことでした。

ゆとりローン（Bさん　50代前半　トラック運転手）

★

査定金額600万円で、返済金額15万円

千葉県にあるBさんの自宅は、全国的に名の知れた工務店が建てた9棟からなる建売住宅の一つで、築15年は経過しているものの見た目は立派なものでした。長方形の敷地ですが、土地面積はざっと200㎡。建物の延べ床は100㎡の4LDKです。

ただし、最寄りの駅からはバスで30分ほどかかり、1時間に1本程度しか走っていません。午後8時には終バスを迎えます。しかも最寄りの停留所まで徒歩10分以上かかります。徒歩圏内にはコンビニすらなく、大型店舗のスーパーには、車などの足がないとまずたどり着けません。車がないと移動が非常に不便な場所でした。

その建売住宅のまわりは、田んぼや畑、果樹園ばかりで、民家はまばらでした。家の前の道路は4mに満たない上に未舗装、街灯も点々としかないため、夜になるとあたりは真っ暗です。

そういった立地ですから、どうしても買いたいという方が少ない、あまり人気のないエリア

でした。たとえ立派な建物であっても、査定価格はそう高くはありません。

室内で犬を放し飼いで5匹飼っていたため、内装状態もよくありません。

近隣の成約事例や売出事例、内装の汚損破損の程度から考え、私の査定で６００万円がやっとといったところでした。

Bさんは、私の会社に相談をされるつい何ヶ月か前まで、その査定価格６００万円の物件に毎月15万円の住宅ローンの返済を行っていたのです。

ゆとりローンが払えない

Bさんの奥さんから当社の相談窓口に電話があったのは、寒さが厳しい2月のある日のことでした。電話口の奥さんは、非常に疲れた声で話をされました。

「住宅ローンが支払えないんです。もう限界なんです……」

これまで数多くの住宅ローンの相談を受けましたが、だいぶ疲れていることは声の感じだけでもよくわかりました。

これはすぐさま会ってお話をしなければと思い、面談の場所をセッティングしました。本来ならば、自宅の実際の所有者であるBさんご自身と直接会って事情をお伺いするのが一番なのですが、Bさんの奥さんはどうしても自分と会ってくださいとの要望です。その希望をむげにはできず、面談場所に向かったのでした。

面談は千葉駅のロータリーからほど近いところにある喫茶店です。奥さんは千葉駅近くの小さな会社に事務員として派遣されているとのことでした。仕事帰りですので、面談時間は午後7時半です。

約束どおりの時間にやってきたBさんの奥さんは、小柄な身体をさらに小さくし、とつとつと現状を話してくれました。

バブル期の終わり頃、うなぎ登りに急騰する地価に、これ以上高くなったらどこであっても家が買えないと考え、思い切って、住宅ローンさえ頑張れば手が届く範囲にあった、千葉県内でも山合いにある建売戸建を買ったこと。

もともとご主人であるBさんは、大手運送会社のトラック運転手をやっていたが、持病の腰痛を悪化させてしまい長時間勤務ができなくなり、しかも会社の経営自体も思わしくなかったため、身体の自由があまりきかないBさんは退職勧告を受け、辞めざるをえなくなったこと。

1年間のブランクの後、小さな運送会社に入社したが、長続きせず、結局、会社を転々としていること。

転職のたびに給料がどんどん下がってしまったこと。

そして、その戸建を買う際に手を出した住宅ローンが、住宅金融公庫（現在の住宅金融支援機構）のゆとりローンであったこと……。

Bさんとそのご家族は、ゆとりローンのいわば被害者だったのです。

ゆとりローンの罠

ゆとりローンとは、1993年（平成5年）に住宅金融公庫（現在の住宅金融支援機構）が商品化した、頭金がなく、比較的収入が少ない若い人向けの住宅ローンのことです。最大の特徴は、住宅ローンを組んだ初めの5年間は毎月の返済金額が少ないという点です。

このゆとりローンができた初めの頃は、誰でも頑張れば家を持てるという触れ込みで、「夢のマイホームローン」とまで呼ばれ、トータルで何百万人もの人がこのローンを利用したのですが、その化けの皮は、次第にはがれていくことになります。

仮にゆとりローンを30年で組んだ場合であっても、当初5年間は返済期間を50年間とした金利と返済額を採用し、6年目から10年目までは、当初5年間と同じ金利であるものの通常の返済期間で返済額を引き直し、11年目以降は元金の残高に対して、通常の金利で算出するといったように、段階的に返済金額があがっていくシステムになっています。

当初5年間で支払っていた金額が6年目以降には、大幅に増え、11年目からローン返済期間が終わるまで、さらに増える、といったように、2段階で支払金額が上昇していきます。ちなみに11年目以降の月々返済金額は、当初5年間の月々返済金額の倍以上になります。

住宅ローンを借りるとしても、固定金利でなおかつ月々均等払いを選択するのが当たり前で、ボーナス払い併用での住宅ローンですら敬遠される今の時代の頭で考えると、こんなステップアップ方式で支払金額が増えていく住宅ローンが選ばれることなど想像できません。

しかしながら、このゆとりローンは、「お金を借りた当初は収入が少ないかもしれないけど、年を取ればそれに応じて収入が増える年功序列で、入社したら定年を迎えるまで雇用が約束される終身雇用の世の中であり、第一、地価は上がることはあっても下がることはない」といった、当時の〝一億総不動産屋〟と呼ばれたバブル期ならではの発想と、Bさんの奥さんも言っていたとおり、「この国のどこの場所であっても、もうこの時期を逃したら、価格はさらに上昇し、自分の城を持つことは永遠にかなわない」といった半ば強迫観念に近い幻想が生み出した時代のあだ花といってもいいかもしれません。

いずれにせよ、バブル景気の崩壊とともに年功序列も終身雇用も地価の上昇も、すべて泡のように弾け飛んだ後、残ったものはといえば、大幅に資産価値が下落した不動産と、その価値に見合うことなく多大に残ったゆとりローンだけというひどい有様だというわけです。

「夢のマイホームローン」とまでいわれたゆとりローンですが、しかしながら6年目以降の段階的な支払金額の上昇時ですら、支払いができず、自宅を手放さざるを得なかった人が相次ぎました。ゆとりローンを貸し出す住宅金融公庫が政府の政策金融機関であったため、「国家的な詐欺だ」とされ、社会問題にまで発展したのです。その結果、２０００年（平成12年）には廃止されたのでした。

ご主人に黙って相談

Bさんの奥さんの話によると、会社に入ったりやめたりを繰り返している旦那さんの給料だけでは、大幅に上がったゆとりローン返済は難しく、派遣社員である奥さんの給料と高校を卒業したばかりの息子さんがアルバイトで稼いだお金を総動員してなんとか支払っていたものの行き詰まり、結局、滞納をしてしまったとのことでした。滞納期間は3ヶ月。貯蓄もほとんどないという話です。

「どうしたらいいでしょうか……？」

奥さんの話を伺ったかぎりでは、滞納状態を解消し、住宅ローンを支払い続ける策はないように思われます。家庭の経済状態が改善される見込みがまったくないのであれば、このまま滞納を続け、任意売却を行った方がいいでしょう。

ただ任意売却を行うにしても、所有者（債務者）であるBさんご本人に今後の流れを説明する必要があります。Bさんに会って話をしたい旨を奥さんに伝えましたが、顔を曇らせ、あいまいに言葉をにごすだけです。

私はそこで気がつきました。

今回、私に相談をしにきたのは、ご主人の了解はなく、奥様の独断なんだな、と。ご主人には、なにか言いにくいことがあるんだな、と。

私は奥さんに言いました。

「今回の件は、ただ黙っていてもそのままいい結果を迎えることはありません。だからこそ、奥様は私に相談をしたかったと思います。私もこうやってお会いした以上、Bさんや奥さんをはじめとしたご家族の皆さんのお役に立ちたいのです。そのためにもBさんご本人とお話をさせてください」

奥さんは、私の顔を見て、「はい、わかりました」とだけ小さな声で言いました。

その日はそれで終わりました。そして、次にBさんの奥さんから電話がかかってきたのはそれから1ヶ月後のことでした。

「男の城」を守りたい

電話口のBさんの奥さんは、やはり疲れたような声をしていました。

奥さんが「この日であれば主人はいます」といった日時に、私は車を走らせ、自宅まで向かいました。

約束の時間にインターフォンを鳴らすと奥様が出てきて、私をリビングへと通しました。リビングのソファーには、角刈り頭で大柄、いかにも頑固そうな中年男性が腕を組み、ずでんと腰掛けていました。この男性がBさんなのでしょう。

私の名刺を受け取ったBさんは真っ先にこう問いかけてきました。

「伊藤さん……ですか。伊藤さんにとって、家ってなんだと思います？」

「家、ですか？」

一口に家といっても、人それぞれで思い入れが違います。

ただ雨風をしのげれば、別にどこにあってもいい、と家に対してまったく執着がない人もいれば、この家こそ我が人生と同じ、とさえ思っている人もいて、温度差はかなりあります。Bさんはおそらく後者の方だと直感しました。

「……家は〝城〟だと思います」

私の答えを聞いた途端、Bさんはソファーから身を乗り出しました。私をまっすぐ見据え、言いました。

「まさしく、そのとおりです。たしかに不便なところにあるかもしれない。住宅ローンだって満足に支払っていけてないかもしれない。だけど、オレにとって、この家は、オレの人生をかけて手に入れた、まさしく〝城〟なんです。だから、オレはこの家を売りたくない。〝男の城〟を守りたいんです。ムシのいいお願いかもしれませんが、伊藤さんには、男の城を守る手伝いをしてもらいたいんです」

熱弁をふるうBさんを前にして、私はこう思いました。

奥さんは事態を現実的に捉え、ご主人は楽観的に考えている、と。

おそらく奥さんは住宅ローンを支払うことが困難な状況で、どういった策を取ったとしても家を維持することは無理だと考えている。一方、ご主人であるBさんは何かしらウルトラCの秘策を使えば、家を守ることができると思っていらっしゃる。

先日は、この事態にどう対処すればいいのかを奥さん自身が知るために、ご主人に黙って私に相談した。今日は、ご主人には任意売却をすすめられたことは一切伏せて、住宅ローンの問題に対処するための力になってくれる、といったような感じで奥さんはBさんに私と会う時間を作ったと思われる。

おそらく現段階で任意売却の話をしても、自分の意図に反することですから、Bさんは心を閉ざしてしまうでしょう。そうなったら最後、何もできないまま時間が過ぎ、そう遠くない未来に競売になってしまいます。それはBさん本人も奥さんもご家族の方も、みんな不幸になることです。絶対に避けなければなりません。

であれば、私がやるべきことは「Bさんに競売にならない選択をしてもらう」こと。ただそれだけに尽きます。

私は言いました。

「この家に住み続けるためには、二つの方法があります。親子・親族間売買とリースバックです」

親族間売買とリースバック

親子・親族間売買とは、所有者のお子さんや親族などに家を買い取ってもらうことです。実際に親子・親族間売買を行い、所有権は子供なり親戚なりに移転したものの、元の所有者がそのまま家に住み続けることができたというケースはあります。

ただ親子・親族間売買を希望される方のすべてがその願いを叶えられるわけではありません。まず第一に、親子・親族間売買に協力してくださる方が必要となります。また協力者が見つかったとしても、債権者は同一居住地の親子間売買をまず認めません。仮に別世帯であったとしても、住宅ローンを利用されるということになりますと、協力してくださる方の資力や年齢、勤務先、勤続年数、現在の借入れ状況などの要件によって、その成否は左右されます。また親子間売買で住宅ローンが借りられたとしても、その金利は一般的なものよりも、高い場合が多くなります。

次にリースバックですが、これは所有していた不動産を第三者に売却した後に、元の所有者が当該不動産を借り受けることです。この場合の第三者ですが、不動産を投資目的で購入することがほとんどです。そのため、元所有者が支払うべき家賃は相場と比べて高いことが多いです。

また賃貸借契約の期間も定められており、その期間内に買い戻しをすることが最初から賃貸借契約の条件になっているケースもあり、それが叶えられない場合はいずれにせよ退去する必要があります。

Bさんの決断

親子・親族間売買やリースバックの説明をした私は、Bさんに言いました。

「こういった方法はありますが、いずれもそれを実現させるために超えなければならないハードルは高いです。実際のところ、売買に協力してもらえるような方はいらっしゃいますか？」

息子さんにしても、高校を卒業したばかりのアルバイトですので、住宅ローン自体組めません。Bさんの顔を見ていれば、他に協力者はいなさそうだということがわかりました。

私からの問いかけに、Bさんはしばし無言でしたが、ようやく考えが至ったかのように、口を開きました。

「たとえば、住宅ローンを返すために、他から金を借りて返済にあてるのはどうですか？」

私は首を横に振りました。

「住宅ローンの金利は低い部類に入ります。金利が低い借金を返すために、金利の高いところからお金を借りてくるのは、いかがでしょうか。どう考えても破綻の道を一直線で進むだけです。ですから、それはおやめになられた方がいいかと思います」

「じゃあ、家を守るとしたらリースバックをするしかないってことか……」

「はい、そういうことになります。ただ先ほどもお話ししたとおり、リースバックができたとしても、毎月の家賃は近隣と比べたら相当高くなると思いますし、場合によっては買い戻しを求められることがあります。買い戻せない場合は、契約期間が更新されず、いずれにせよ退去しなければなりません」

Bさんは苦しげな顔をして私に尋ねました。

「じゃあ、オレはどうすればいいんですか？　オレに自分の城を捨てろってことですか？」

私は答えました。

「このまま手をこまねいていたら、間違いなく競売になります。競売になったら、それこそBさんの築き上げてきた城を相場度外視の二束三文の価格で手放すことになります。それこそ、Bさんが家に感じている強い思いに反する結果であり、まさに城を捨てる行為に他ならないでしょう。そうであるのならば、Bさんの大切な城を正当な価格である市場価格で売却すること、任意売却で事態を解決することこそ、Bさんの城を活かす現実的な対処法です。それに今、守るべきものは城以上に家族です。家族を守るためにも住宅ローンの重圧から解放されることが一番だと私は思います」

結局、その日は「少し考えさせてください」とのことで、Bさんの結論は出ませんでした。

明くる日の朝、Bさんから私の携帯に一本の電話がかかってきました。

「あのあと、いろいろ考えました。考えた結果、オレは自分の城よりも家族を選びます。任意売却をしたいと思います」

家族のためにも任意売却を行う。それがBさんの決断でした。

販売活動開始

その後、Bさんは住宅ローンの滞納を重ねていきました。そして6ヶ月後、期限の利益が喪失され、住宅金融支援機構（旧住宅金融公庫）より債権回収業務を委託されたCサービサーから内容証明が届いた段階で、任意売却の実務がはじまりました。

売出価格は680万円です。これでBさんと債権者側担当者には了解を得ることができました。

今回の抵当権者は住宅金融支援機構（旧住宅金融公庫）の一社のみです。ゆとりローンとはいえ、任意売却を行う上では特になにが変わるという話でありません。

ただ、今回の案件で一番難しかったのは、買主を見つけること。ただその一点でした。

私どもは東京の不動産業者ですので、地元の業者に買主を見つけてもらうよう、インターネットで検索して出てきた地元業者に片っ端から電話をかけていきました。しかし、立地があまり買い希望客の少ないエリアでしたので、反響はあまり芳しくありません。

時間だけが刻々と過ぎていきます。

ただ、任意売却ができる期間には限りがあります。債権者から任意売却の期間を目一杯頂戴しても、基本的には6ヶ月程度です。その間、価格も600万円に下げたのですが、反響が増えることはありませんでした。

しびれを切らした債権者側から「もうそろそろ競売にかけます」と言われたその次の日、Bさん宅を見たいという内見希望者が現れたのです。

たまたま横浜の方の業者に会う機会があり、ダメ元でその不動産を紹介したのですが、なんとそのダメ元の紹介が内見にまで発展したのです。

その方は川崎市に住む方ですが、定年を迎えて余生を山の方で悠々自適に送りたいという希望がありました。リフォームも自分で行いたいので、いくら室内が汚くても、建物の構造さえしっかりしていればいいという話です。

幸いなことに、買い希望者さんはBさん宅をとても気に入ってくれました。

そして話はとんとん拍子に進み、無事に契約に至ったのでした。これこそ不動産の取り持つ縁というものです。

【Bさんのケースにおける配分案】

売却代金		600万円

＜住宅ローン債務の返済＞

	残債務	配分
第一順位抵当権者　住宅金融支援機構	2,000万円	570万円
仲介手数料（物件価格×3％＋6万円＋消費税）		25万円
抵当権等抹消費用		5万円
合　計	2,000万円	600万円

ゆとりローンの重圧からの解放

配分案については特に問題はありませんでした。しかしながら、任意売却を行っても1400万円以上にのぼる残債務が自動的に消えることはありません。

この件についてBさんと話し合いを重ねた結果、Bさんは任意売却後に自己破産を申し立てることを選択したのでした。今回のケースでは、住宅ローンの連帯債務者はいませんし、奥さんや親族の方の連帯保証が入っているということもありませんので、自己破産を行っても誰にも迷惑をかけることはありません。

また、今回は債権者側からは引渡し料を認めてもらえませんでしたが、買主さんの多大なご厚意により40万円の引渡し料をいただけることになりました。

任意売却終了後、Bさんはこれを原資にして自己破産を行い、大切なご家族とともに新たな地で新たな生活を送っています。

決済の日に一緒にきたBさんの奥さんがホッとされた顔をされていたのが非常に印象的でした。その顔は、おそらく住宅ローンの重圧から解放された、という思いからきたものでしょう。

任意売却が終わったあと、Bさんはこうおっしゃっていました。

「オレは家にしがみついていました。今回は、家のことしか考えないで、家族のことを考えていなかったってことをいやというほど、痛感しました。もう家はないけど、だけど家族の絆はなくなることはない。気持ちを入れ直してオレは家族のために一生懸命働いていきたいと思います」

家は人生で一番大きな買い物です。程度の差はあれ、多くの方にとって思い入れもあることでしょう。今回のケースのように、自分の城とまで言い切って、絶対に手放したくないというBさんの気持ちや思いは、長年不動産業者に携わっている身としては痛いほどよくわかります。

だからこそ私は思うのです。

任意売却における不動産業者の立場とは、ただ不動産を売るだけではなく、その人の気持ちをしっかりと受け止め、気持ちを整理してもらうアシストをしていかなければならない。そして、不動産を売却した後、新たな生活を安心して送ってもらうためのフォローをしていかなければならないのだ、と。

その気持ちを忘れることなく、これからも任意売却に携わっていこうと考えています。

離婚後の連帯保証人

（Cさん　40代前半　元食品工場営業部長）

義理のお父さんが連帯保証人

住宅ローンを支払えなくなったとき、実際にお金を借りた人だけではなく、ときにはその周りにいる人を災禍に巻き込むこともあります。

その最たる例が連帯保証人です。

連帯保証人とは、住宅ローンを借りた人（債務者）がお金を返せなくなったとき、債務者とともにお金を返さなければならない立場の人です。実際にお金を借りていなくとも、重い責任だけは負わされるのです。

通常、住宅ローンを組む際、連帯保証人になるのはその金融機関に関係する保証会社や保証協会ですが、場合によっては保証会社以外に配偶者や親族が連帯保証人になることを求められます。

埼玉県の郊外に住むCさんもそのケースに該当しました。

ただし、Cさんの場合は、専業主婦であった奥さんではなく、奥さんのお父さん、Cさんにとってみれば義理のお父さんであるDさんが連帯保証人になったのでした。

Cさんは、肩書きこそ食品工場の営業部長でしたが、その食品工場は義理のお父さんであるDさんがオーナー社長、義理のお母さんが専務を勤める、家族経営の会社です。Cさんは奥さんの名字にはなっていませんが、実質上は婿というわけです。早くに両親を亡くしたCさんにとってみたら、奥さんの両親を実の親のようにも思っていたとのことです。

住宅ローンを組んだ金融機関が義父の会社のメインバンクである地元のE信用金庫であったため、義理のお父さんが連帯保証人になってくれれば保証会社の連帯保証を入れなくてもいいという申し出がありました。保証会社に支払う保証料が浮くのはだいぶ大きかったので、義理のお父さんに頼み込み、連帯保証人になってもらう了解を得ました。

また、義理のお父さんが家を買う際の頭金を500万円出した関係上、その家の持ち分も持っていました。Cさんの持ち分が四分の三で義理のお父さんであるDさんのそれは四分の一でした。

ですから、義理のお父さんのDさんは、自宅不動産の共有者であり、かつ連帯保証人だというわけです。

権利関係が少々複雑であったとしても、家族内が円満であれば特に問題はないのでしょう。ただ残念なことにCさんの家庭にはもめごとが起きてしまい、それを乗り越えることができなかったのでした。

浮気と家族会議

「最初は頑張れば乗り越えられるヒビだと思っていました」

実際に会って相談を受けていたとき、Ｃさんは私にそう語っていました。

Ｃさんは仕事をバリバリこなしていました。朝から晩まで営業を行い、納期を守るべく、時には工場に泊まり込みで作業をしていたとのことです。

Ｃさん夫婦は結婚６年を迎えていましたが、まだ子供はいませんでした。

Ｃさんからしてみれば家族のために、しかも奥さんの実家である工場の業績をあげるために汗水垂らして頑張っていたのでしたが、奥さんはそうは考えてくれなかったようです。

自分は放っておかれている。自分よりも仕事が優先されている……。

そんな寂しさゆえなのか、はたまたそれ以外の理由があるのか、実際のところはわかりませんが、奥さんは他の人と浮気をしはじめたのでした。

もちろん、そういった不貞がいつまでもバレることなく続くということはありません。この浮気問題は家族を巻き込んでの大事件になりました。

急遽、家族会議が開かれました。しかし家族会議といっても、Ｃさんと問題の張本人であるＣさんの奥さん、それに義理のお父さんのＤさん、義理のお母さん、それに義理の妹さんと妹さんの旦那さんの合計六人です。

Cさんの奥さんは、最初は泣きながら謝っていましたが、Cさんにつめよられていくうちに、突然、態度を一変させました。顔を真っ赤にさせ、Cさんに言い返します。

「浮気した私も悪いかもしれないけど……。それよりも私をそういった不幸な状況に追い込んだ、あなたが悪いんじゃないの！」

Cさんは返す言葉もありませんでした。自分は一生懸命仕事をしていただけです。それにただ仕事一筋で奥さんを放ってはいませんでした。休みの日があれば、疲れた身体を引きずってでも奥さんの買い物にも付き合っていましたし、遅い夏休みには必ず旅行にだって行っています。

それなのに「自分を不幸にしたのはあなただ。あなたが悪いんだ」と浮気をした自分を顧みず、わあわあと人のことを責め立てるのです。

驚きのあまり、怒りを忘れてしまうほどでした。しかも、さらに驚くべきことが起きたのです。義理のお父さんであるDさんが、半ば逆ギレをしている奥さんの援軍として、Cさんにつめよったのです。

この家族会議の参加者のなかで一番発言力を持っている人は義父のDさんになります。Dさんは比較的温厚で寡黙な人でした。家族経営の会社のわりには、身内以外の社員に対してもわりと公平な判断と対応を行う、いわばまともな感覚を持った方でした。

しかし、こと家族の問題については、そういった公平な判断と対応を行うことが難しかったようです。

自分の会社をもり立てるべく、汗水垂らして働いているCさんよりも、不貞を働いた実の娘を取ったというわけです。

「私は娘を不幸にするために、君の嫁にやったわけじゃないぞ！」

こう前置きしたDさんは、Cさんをなじりはじめました。正直言って、自分の奥さんが浮気をしたことよりも、自分にとって、親代わりだと思っていたDさんに糾弾されたことの方がショックでした。しかもDさんの言葉を皮切りにして、その場にいたCさん以外の全員がCさんを責め立てはじめたのでした。

いくら家族会議といっても、Cさん以外は全員、奥さんの身内です。一番力を持っている義理のお父さんが言うとおり、右へならえするのも仕方のないことなのかもしれません。

家族会議の最後あたりには、Cさんへのフォローも少しはあったようですが、Cさんと奥さんやDさんの間には、埋められない溝ができてしまいました。

そして、Cさんたちは離婚という道を選択するに至ったのです。

いろいろとCさんを責めたもののDさん自身は世間体もあってか、とにかく離婚だけはしてもらいなくはなかったようですが、Cさんの決意が変わることはありませんでした。

誰も住まない自宅

Cさんは離婚と同時に、Dさんが社長を務める食品会社を辞めました。家族経営の会社ですから、奥さんと離婚した以上、心情的に席を残せるわけもありません。義父であったDさんも、もうCさんの顔を見たくないといったようでしたので、なおさら、いられません。

離婚の原因を作ったのは奥さんの方でしたし、子供もいませんので、Cさんが慰謝料を支払うということはありませんでしたが、逆にCさんの方が慰謝料をもらうこともありませんでした。

ただ家を出て行ったのは、奥さんではなくCさんでした。

家に残るに当たって、奥さんが主張したCさんへの言い分はこうです。

「たしかにこの家はあなたが住宅ローンを組んで買ったのかもしれないけど、私のお父さんも持ち分を持っている。むしろ、頭金という現実にもう支払ったお金を出しているお父さんの方が、住宅ローンを返し続けているあなたよりも偉い。もし私を出て行かせたいというならば、お父さんがこの家に払った頭金を利息付けて払って！」

元の奥さんの主張に対して、Cさんはなにも言わず、出て行きました。

Cさんが出て行った1ケ月後には、居続けると思われていた奥さんも引っ越しをしたのでした。自分ひとりで住むには広すぎるとか、もっと便利なところに住みたいとでも思ったのでしょうか。

結局、この家は空き家になったのでした。

軋轢

誰も住んでいない自宅ほど、無駄なものはありません。しかも住宅ローンを組んでいるのならなおさらです。

かといって、もう二度とこの家には戻りたくもありません。

自宅が空き家になったことを知ったCさんは、住宅ローンを完済したく、近隣の不動産業者に価格査定を行ってもらいました。

不動産業者によると査定価格2000万円です。ただ残債務が2600万円ほどあります。単純計算して600万円の足が出るというわけです。

通常どおり売却するのならば、残債務返済に満たない600万円の持ち出しと不動産業者に支払う仲介手数料などの経費を別途用意しなければなりません。合計すると700万円近くです。こんな大金を右から左へと動かせるわけがありません。

さて、どうしようかと思っていたCさんの携帯に一本の電話が入りました。

Dさんからでした。

挨拶の言葉もなく、Dさんは怒った口調でこう言ったのです。

「Cくん、君は私に黙って家を売ろうってのかね？　そんな勝手なこと絶対に許さんぞ。もし家を売りたかったら、頭金の500万円を返したまえ！」

話の断片を組み合わせてみてわかったことは、要は査定をした不動産業者がCさんには無断で共有者であるDさんに接触したようです。突然、訪問してきた不動産業者から聞いた、不動産の査定の話にDさんは腹を立てたのでした。

実際のところはまだ価格査定をしただけで、売れるか売れないかを判断したかっただけなのに、DさんはCさんのやることなすこと気にくわなかったのでしょう。

多大なお金の持ち出しが発生する上に共有者であるDさんの許可が得られそうにありません。ですから、Cさんは現段階では家の売却は難しいと思いました。

ただ、新しい住まいの家賃の上に、従来の住宅ローンの支払いも行っています。しかも、転職した先の会社は同業とはいえ、給料はぐんと減りました。

それでも頑張って支払っていたCさんでしたが、そのような生活がずっと続けられるわけがありません。

次第に住宅ローンの支払いが1ヶ月遅れ、2ヶ月遅れ……。とはいえ、それ以上遅れることなく、全額支払い。ただ次の月はまた滞納……の繰り返し。

そのような時期に、Cさんは当社の会社の相談窓口に電話をかけてきました。

概略をうかがった私は、早速時間をつくり、Cさんとの面談を行ったのでした。

期限の利益の喪失

「住宅ローンを借りているE信金から、このままだと競売になる、と言われました」

Cさんは悲痛な声で私にそう言いました。

たしかに住宅ローンの支払いを止めていたら、債権者（抵当権者）は不動産を競売にかけて、そこから回収しようとします。

しかし、Cさんの話を聞いていると、たしかに遅れ遅れでしたが、なんとか滞納分を支払っていたようです。

「この前、住宅ローンの支払いが1ヶ月遅れたのですが、そのとき、E信金の担当者から電話がかかってきたんですよ。冷静な口調で、こう言われました。『Cさん、あなた、会社を辞めていますね？　転職したら転職したで、その事実を金融機関に伝えないのは、契約に反します。それにあの家には、今、誰も住んでいませんよね？　住宅ローンは実際に住む家を買うために貸し出しています。住宅ローンを借りている方ご自身が住んでいない家に住宅ローンを貸し出し続けることはできません。このままでは競売になります』と」

住宅ローンを借りた金融機関は、もともと前の会社のメインバンクの信金ですから、滞納を繰り返していたことに不審をもたれたようです。信金がCさんの在籍確認をしたら、当然、退職したと伝えられ、自宅に訪問したら訪問したで、誰もいないもぬけの殻だった。その二点に加えて、支払いも滞納がちというところで、E信金は住宅ローンを貸し出し続けられない＝期限の利益の喪失を進めるという話になったわけです。

E信金の要求を満たすには、自宅に戻り、金融機関に転職や離婚の事実を伝え、滞納をしない、ということです。しかし、転職先は自宅とはまったくかけ離れた場所にあることから、家に戻るのは困難であり、今後、滞納なく現状の住宅ローンを支払っていくことも難しいとのことです。だとすれば、現状のなかでベストな選択肢を求めるとしたら、任意売却を行うことしかありません。

また、任意売却を行った後の残債務についても話をしました。Cさんは非常に誠意あることをおっしゃっていました。

これまでの経緯もありますが、誠意を持って対応すれば、債権者（抵当権者）である信金も任意売却の申し出をむげにはしないでしょう。信金以外の債権者はいませんし、固定資産税や都市計画税といった税金も分納をしているので、いきなり差し押さえられるということもないと思われます。

しかしながら、大きなネックがあることは誰の目にも明らかです。非協力的な態度をあからさまにしているDさんの存在です。しかも感情的な問題になっています。とはいえ、任意売却を成立させるためには、共有者であり連帯保証人でもあるDさんの協力は絶対不可欠です。

ただ、私も相談を受けた以上、やる前からできないとは言いたくありません。それに誠意を持って前向きに事態を解決させたいと願う、Cさんのお役に立ちたいとも思ったのです。

Cさんのためにも任意売却を成功させる！

手紙

債権者であるE信金の担当者に話をしたところ、任意売却の許可は取れました。

いずれにせよ期限の利益が喪失するので、所有者（債務者）のCさんと連帯保証人でもあるDさんの両方に一括弁済するよう通知書を送るとのことです。

残債務2600万円に対して、当社の査定金額は2200万円です。その価格での売り出しにCさんと債権者の了解は受けたものの、もうひとりの共有者であるDさんの許可を得なければどうしようもありません。

突然電話をかけてもガチャ切りされて終わりだと思いましたので、会社が休みの日を見計らって、Dさんの自宅を訪問しました。

「レフォルマの伊藤と申します。任意売却専門の業者ですが……」

インターフォン越しに、そう言った途端、「いらん！」と言われて終わりました。もう一度、チャイムを鳴らしますが、今度はもうインターフォンにすら出てきてくれません。

こういった事態になるだろうことは、最初から予測していましたので、私は事前に書いてきた手紙を置いてきました。

手紙の内容は、下記のとおりです。

1．私は住宅ローン問題の専門家であり、Cさんから話をうかがって訪問したが、決してCさんにのみ肩入れするのではなく、中立的な立場でDさんの意向も考慮することを約束すること。
2．メインバンクのE信用金庫から任意売却の許可が出ていること。
3．任意売却を行った方が競売よりも高い価格で売却可能なので、その分、債務が圧縮されるということ。
4．残債務については、債務者のみならず、連帯保証人にも支払い義務があるということ。

以上、四点です。

以前、Cさんが不動産の価格査定を依頼した不動産業者がDさんに対してどういった対応を取ったのかはわかりませんが、おそらくあまりよろしくはないようなことを言ったのでしょう。だからDさんは怒ってCさんに電話をかけてきたのです。

今回も私があからさまにCさん側の立場に立って、Dさんに話そうものなら、交渉のテーブルにすら就いてくれないでしょう。

だから、私は自分のスタンスについて、手紙の最初に書いたのです。

そして翌日の日曜日、私は再度、Dさん宅を訪問しました。

インターフォンを鳴らし、社名と名前を名乗ると今度は、門前払いされることなく、玄関ドアが開きました。

顔を現したのは、いかにも気むずかしそうな雰囲気を漂わせている初老の男性でした。

この方がDさんなのでしょう。

Dさんは無愛想に「どうぞ」と一言述べると、私を家に入るよう促したのでした。

どうにか第一のハードルはクリアしたようです。

感情の問題

Dさんは開口一番、「手紙を読んだ」と言いました。そして「家を売るよりもまず、頭金の500万円を返してもらうのが先決だ」と続けたのでした。

Dさんにしろ、Cさんの元の奥さんにしろ、頭金の件は前々から主張していることです。この主張をどう崩していくかが課題となります。もしここでの話し合いが上手くいかなければ、結局、Dさんの持ち分をどうすることもできませんので、任意売却は無理になります。Dさんとの話し合いの最初から、正念場というわけです。

私はゆっくり答えました。

「正直言いまして、今のCさんには500万円を支払う余裕はありません」

「じゃあ、話し合いにもならん。家を売ることには協力できん！」

意固地になったように拒否の言葉を吐くDさんから目をそらさず、私は言いました。

「500万円は支払えませんが……。ただ任意売却後に残った債務については、自分が支払うことを約束します、とCさんはおっしゃっています」

「そんなのCくんの借金なんだから、当たり前だ。私には関係ないだろ！」

「関係ない、とは言えません。Dさんは、連帯保証人なのですから。連帯保証人の意味、わかっていますよね？」

「バカにするな！　そのくらいわかっている。Cくんが払えなかったら、私のところに借金の督促がくるってことだろ？」

「はい、そのとおりです。そこまでわかっているのなら、任意売却のご協力していただければと思うのですが……」

「いいや、違うな。これはな、損得じゃなくて、感情の問題なんだよ！　Cくんは、うちの娘と離婚をした。私がとめたのにも関わらずだ。そんな男なんか、住宅ローンの支払いでずっと苦しめばいい。そのあとのことなんか、知ったことか！」

本当に後先考えず、感情のままの発言です。ですが、ここで私はDさんの意見に大きくうなずきました。

「まさしく、そのとおりです。Dさんのおっしゃるとおりです。これは感情の問題なんですよね。私もそう思います」

「そうだろう、そうだろう」

私は首を横に振りました。

「だから、私はCさんに訊いたのですよ。『任意売却が終わっても、本当に残った債務の支払いを続けていくのですか？』と。数百万円にも及ぶ多額の債務があっても自己破産して免責がとれれば、住宅ローンの債務は完全になくなりますからね。その場合、債権者は債務者からお金はとれませんから、連帯保証人に取り立てに行くだけです。もしも逆にですよ、今回の一件で、Cさんが、Dさんなり元の奥さんなりに対して、Dさんが抱いてるような感情の問題を持っていたらどうでしょうか？　大方の場合、相手のことなどどうでもいい、となるのではないでしょうか？　Dさんがどういった形で督促されようとしても、好きにやれと思うのではないでしょうか？」

何も言えなくなっているDさんの目をしっかりと見据え、続けました。

「でも、Cさんは違いました。こうおっしゃったのです。『今はこういった関係になってしまったけど、自分たちのために頭金を出してくれたことや、連帯保証人にもなってくれたのは事実です。それに一時ではあったけど、Dさんは自分の親代わりでもあった。いろいろあったけれども、自分のできうる限りのことはしたいんです。少なくとも住宅ローンの返済で迷惑をかけたくないんです』と。それはCさんの心の奥底からの言葉でしたよ。Dさんにおかれましては、任意売却の件につきまして、なにとぞご理解をいただければと思います」

Dさんは少しうなだれているようでした。私はその言葉を最後にして、Dさん宅を出ました。

翌日の朝、Dさんから私の携帯に電話がありました。

「任意売却に協力する」と一言だけの短いものでしたが、大きな言葉に感じました。

無事に決済

任意売却の販売活動自体は、さほど時間がかかることなく、買い希望客が見つかりました。金額も交渉が入ることなく、当初の数字どおり、2200万円で決まりました（次のページ参照）。

【Cさんのケースにおける配分案】

売却代金		2,200万円
＜住宅ローン債務の返済＞		
	残債務	配分
第一順位抵当権者　E信金	2,600万円	2,120万円
仲介手数料（物件価格×3%＋6万円＋消費税）		75万円
抵当権等抹消費用		5万円
合　計	2,600万円	2,200万円

売買契約後、私はCさんと連れだって、E信金の担当者のもとへと向かいました。用件はただ一つ、任意売却後の返済についてです。

今回任意売却を行っても残債務は480万円ほど残ります。このすべてについてCさん本人が支払う意向がある旨をE信金の担当者に話し、連帯保証人には請求をしないでくださいと頭を下げました。

担当者は「社内手続き上、連帯保証人にも督促を行っていく」と言いつつも、「当方とCさんとで合意した毎月の返済金額さえ滞納せずに支払っていってくれれば、他のサービサーに回さないようにするよう、上と話をする」と続けてくれました。

地元に根付いた信金として、地元で企業を経営しているDさんに対して、事業資金ならまだしも、連帯保証人になっている住宅ローン債権の取り立てを行いたくないという、信金側の事情もあったようですが、Cさんの誠意も大きく債権者に伝わったということでしょう。

Ｅ信金と合意した月々の返済金額も、以前の住宅ローンの返済よりも減った金額でした。これであれば支払っていける、とＣさんはおっしゃっていました。

そして、決済日。なにごともなく無事に手続きは終わりました。

Ｄさんは Ｃさんに近寄ると、黙って手を差し出しました。Ｃさんはその手を握りました。握手をしている間も相も変わらず仏頂面を崩すことはありませんでしたが、それでもＤさんからしてみれば最大限の感謝の表現だったのでしょう。

今もまだ、Ｃさんは自己破産することなく、順調に債務を減らしています。

第６章

住宅ローンが返せなくなったとき　これだけはやめてください！

第６章では住宅ローンが返せなくなったときに、「これだけはやめてください！」と声を大にして断固として言っておきたいことがあります。どれも非常に重要な事柄です。しっかりと読んでいただければ幸いです。

ひとりで問題を抱えること ✕

住宅ローンの問題を抱えると頭がずきずきと痛くなり、胸の動悸も激しくなります。気持ちもどんよりと落ち込み、ご飯も満足に喉を通らなくなります。そして、目の前が真っ暗になったように視界が狭くなり、いったいこの先どうすればいいのか、まったくわからなくなって、いいようのない不安感にさいなまれて……。

住宅ローンを支払えなくなった方とお話しすると、このようにとてつもなく大きな不安や心配に襲われていることが多いです。

実際のところ、住宅ローンが支払えなくなったその前提として、いろいろな理由があることと思います。

たとえば、サラリーマンの方であれば、本来であれば支払われるはずのボーナスが支給されなかったり、昇給の停止や減給、リストラなどで給料が減ったり、最悪の場合、給料自体なくなった結果、会社の倒産、そのまま無職になってしまった、もしくは転職しても以前より収入が下がってしまった、などということがあり得ます。自営業の方であれば、受注や仕事の量が減り、それにともなって収入が不安定になったりといったこともあるかもしれません。

こういった様々な理由により、住宅ローンに回すお金に余裕がなくなったがための問題であり、どのケースにおいても住宅ローンの問題が単独で発生しているわけではありません。

それゆえ問題は単純ではなく、複合的なそれであると思います。だからこそ、具合が悪くなるくらい悩まれるものだと思うのです。

たしかに簡単に解決できる問題ではありません。ただ、だからといって、ひとりで問題を抱えないでください。

ひとりで問題を抱えても、いいことは一つもありません。

悩みや不安は確実に連鎖します。ひとりで悩んでいますととどまることなくマイナスの方向へ突っ走ってしまい、次から次へと悩みや不安が増大していきます。

なにぶん、ご自分ひとりの状態ですからその悪い連鎖を断ち切る人は誰もいないのです。このような状況では悩みに押しつぶされそうになることも無理はないでしょう。

そのような耐えがたい悩みや不安から逃げ出したいと思い詰め、最悪、死さえ考えてしまう方も現実にいらっしゃるのです。

「住宅ローンが苦しいので死んでしまいたいです」

「どうすればいいのかわからないので、自殺を考えています」

これらの悲痛きわまりない言葉は、私どもの相談窓口に実際に寄せられたものです。

それに、抱えた問題への大きな不安や悩みは、時には人を自暴自棄にさせることもあります。自暴自棄になると生活や態度にも悪い方向でその影響が表面化します。

すべてがどうでもよくなって投げやりになったり、ルーズになったり、自分に興味がなくなるわけですから、他人に対する興味はなおさらなくなることもあります。

直感的な話なのですが、真面目な方ほど、その振り子の反動が大きいように見受けられます。

その結果として、人間関係、特に家庭内での人間関係がうまくいかず、離婚や家庭離散になることもあり得るのです。なによりも守るべき大切な家庭が壊れることもあるのです。

ここではっきりと言わせてください。

住宅ローンくらいで死なないでください。

そして住宅ローンくらいで大切な家庭を壊さないでください。

ひとりで問題を抱えることとは、ご自分を、そして守らなければならない家族を破滅に導くことにつながりかねません。

そのような悲劇的なことが起こらないようにするためには、ひとりで問題を抱えないことが第一であると思います。

実際のところ現状がどうなっているのか。ご自分が抱えている問題を漠然とではなくしっかりと把握し、不安に思っていることをすべて書き出し、その上で信頼できる誰かに相談してください。

お金に関わる非常にデリケートな問題であり、住宅ローンを支払えないという恥ずかしさや困惑、将来の先の見えない不安などが混ぜ合わさって、なかなか人に話しづらいことはよくわかります。

ですが、ここは頑張ってください。勇気を振り絞って一時の感情を押しとどめて相談していただければと思います。

それが自分自身と大切な家庭を守るために早々に行わなければならない、最善の一手であると私は考えます。

相談する相手を間違えること ×

前項で自分自身と大切な家庭を守るためには、ひとりで悩みを抱えず、誰かに相談することが最善の一手だと申し上げました。

ただ、だからといって相談する相手が誰であってもいいという話ではありません。

相談する相手を間違えると、事態がとんでもない方向にいき、最悪の状況を招きかねません。

たとえば、相談をした相手の人に、十分な知識や経験がなければどうでしょうか。単なる想像や間違った考えを押しつけられ、それに基づき行動したところ、最悪の状況に陥ってしまったというケースがあります。

私どもの相談窓口でお伺いした話として、こういったものがありました。

Aさんは、住宅ローンを支払えず、自宅マンションが競売になってしまいました。

困ったAさんは、大学時代からの先輩であるBさんにこの先どうしたらいいか相談しました。昔からAさんは困ったことがあればBさんに相談していました。要するに頼れる先輩だということです。

本来であればもっと前の段階で相談したかったのですが、自分の勤めていた会社が倒産し、転職できたものの収入が半減したという事実を言いづらかったのです。ただ、いつまでもそのようなことは思ってはいられません。いよいよ切羽詰まったところでBさんに相談しにいったという状況です。

Aさんの話を最後まで聞いたBさんはいいました。

「住宅ローンを支払えないといっても、そのマンションにAが今住んでいるのは事実だ。競売になって誰かが落札したところで簡単には追い出せない。居住権があるからな。もし文句があるなら、家賃として少々払ってやればいい」

競売で落札されても居住権があるから簡単には追い出されない。

Aさんは Bさんのこの言葉を信じて、なにも考えず、なんの行動すらとらずにマンションに住み続けました。

そして、Bさんに相談したその数ヶ月後、競売の期間入札が開始され、見ず知らずの買受人に自宅マンションは落札されたのでした。

落札後において、Aさんは二度三度とやってきた買受人に「自分には居住権があるから出て行かない」といって、追い返しました。そのうち買受人はマンションにやってこなくなり、AさんはBさんのいったことは本当だったんだな、と思ったわけです。

そんなある日のことです。

Aさんの元に裁判所から一通の送達が届きました。

それは新たな所有者となった買受人にマンションを引き渡せという内容が記載された「引渡し命令」でした。

最初それを見てAさんは意味がわかりませんでした。

そしてあれよあれよという間に事態は進み、結局、Aさんは現実に強制執行される寸前に家から退去したのですが、買受人はそれだけでは許しませんでした。

誠意ある態度で話し合いに応じなかったAさんのことが腹に据えかねたのでしょう。Aさんに対して、所有権移転から退去日までの間における家賃相当額の損害賠償金やAさんが所有していた間のマンションの管理費や修繕積立金などの滞納金の立て替え払い分、そして強制執行を申し立てた際にかかった費用などを含めて、一切合切支払えと訴訟を起こしたのでした。

この段階において私どもの相談窓口に電話をいただきましたが、もはや我々にもなすすべはありません。誠意をもって買受人に対応した方がよいという旨のアドバイスさせていただきました。

このケースにおいては、支払いができなくなった段階でBさんではなく私どもにご相談くださっていれば、話はまた違ったものになっていたと思います。

次は最近多い例として、Cさんを紹介します。世の中には知識や経験があったとしても、人のためというよりもお金のために動いている人もいるということです。

単にその人の不幸話をビジネスとして食い物にしようとしているのかもしれません。

競売の流れでもご説明しましたとおり、金融機関などの債権者から不動産の競売が申し立てられますと、裁判所の掲示板に「配当要求終期の公告」といって、その債務者の方に対する債権を持っている人がいれば名乗り出てくださいという旨の掲示がなされます。

その裁判所に赴けば誰でも閲覧することができる公告を見て、実に様々な人間がその方へとダイレクトメールを送付したり、時には訪問したりするのです。

その中には、悪意を持って接触してくる人間がいる可能性は否めません。

もしかしたら、こう思われるかもしれません。

自宅が競売にかかるくらいなのだから、当然お金には困っていて切羽詰まった状況だ。そんな状況では、取るべきお金なんかない、と。

お金に困っているほど切羽詰まっている、というのはそのとおりかもしれません。ですが、切羽詰まっているからこそ、悪意をもった人間は相手の弱みにつけ込むのです。甘い言葉をささやきさえすればこちらになびく可能性が高いと踏んでいるのです。

Cさんの事例は、まさにこういった人間の罠にひっかかったケースでした。

裁判所に配当要求終期の公告の掲示がなされた途端、Cさんの自宅には、ポストからあふれんばかりの任意売却のダイレクトメールが届き、訪問客が増えたといいます。

時には十人以上の来客があったとのことで、そのすべてが裁判所の掲示を見て、というものでした。それは任意売却をしましょうと持ちかける不動産業者以外にも、新興宗教の勧誘であったり、幸運になる壺のような、なにやら怪しげな商品を売りつけようとする人もいたそうです。

その訪問客の中にDさんがいました。DさんはCさんにこう宣言したのです。

「自分を間に通せば、絶対に家は売れるし、確実に200万円の手金を残せる。他の会社なんて、金が残せたとしても、たかだか20万円とか30万円だ。損得勘定で考えてください。損得勘定で」

たしかに、他の任意売却専門業者は引っ越し料が出たとしても、その程度だという話だし、ここまで確実に200万円をくれるといってくれたのは、Dさんだけでした。

お金は多ければ多いほどいい。シンプルにそう思ったCさんは、Dさんに自宅売却を依頼しました。ただ実際のところ、Dさんは不動産業者ではなく、自分は人生を再生させるためのコンサルタントだということで、実務は別の不動産業者を紹介されました。

Dさんから紹介された不動産業者は、Cさんにこういいました。

「不動産を売却するためには、広告宣伝費が必要です。これは、いわば先行投資だとお考えください。ちょっとのお金で大きなリターンを得ましょう」

広告宣伝費として要求された金額は5万円でした。今まで不動産を買ったことはあるものの、売ったことがないCさんは、これが不動産取引の慣習なのだろうと思い、相手のいうとおりにお金を払いました。しかも、相手のいうとおり、不動産が売れれば何倍にも返ってくるお金です。

その後、時間が経ちましたが、自宅はいっこうに売れる気配がありません。

心配になったCさんはDさんに電話をかけました。電話口でDさんはこういったそうです。

「それでは売却の可能性を高めるためにも、もっと宣伝をしましょう。宣伝をしなくては売れるものも売れません。不動産業者にはそう伝えておきます」

不動産業者からは、さらに追加で広告宣伝費として10万円を要求されました。Cさんは疑念をもちながらも、そのお金を支払ったのです。

Cさんにとっては残念なことなのですが、その後は当初想定していたとおりにはいきませんでした。一度は買付が入ったものの、債権者と金額の折り合いがつかずに話が壊れ、結局、競売で落札されてしまったのでした。

当然、Cさんは怒りました。Dさんと不動産業者を呼び出すと、彼らに対して「約束が違うじゃないか」と語気を強めていったところ、ふたりは謝罪の言葉ひとつもなく、平然としていたそうです。

不動産業者は「自分はいわれたとおり、きっちり販売を行っていただけだ」と主張し、Dさんもまた「不動産が確実に売れるなんてことはいっていない」と知らぬ存ぜぬの対応でした。

さらに、こんなことをいってきたそうです。

「これもなにかの縁ですので、今後、競売で落札した人間との交渉のコンサルタントになりますよ」

むろんのことながらそれを断ったCさんは、Dさんとも不動産業者とも連絡が取れない状態になったそうです。

こういったCさんのケースのように、約束どおりのことなどしてくれず、お金を取るだけ取って、そのままフェードアウトしていったという話をたまに耳にします。

どの人を信じればいいのか、その判断をするのは難しいことではありますが、しっかりと見極めなければなりません。

借金で借金を返すこと ×

住宅ローンの返済が滞り、督促状が届いたとき、世の中には住宅ローンを返すために消費者金融や街金などからお金を借り、その返済にあてている方もいるようです。

しかしながら、借金で借金を返す行為は果たして適切なのでしょうか。

住宅ローンの金利は、不動産に抵当権などの担保登記を設定してある分、数%ですが、消費者金融のそれは無担保で融資をしているため高く、10数%です。仮に端から法律を守らないところから借りたら、平気で20%、いやそれ以上になるでしょう。

金利の低い住宅ローンの返済が難しいのに、そこよりもさらに金利が高いところから借りて返済できるはずがありません。

冷静になって考えていただけば、誰にでもわかる理屈だと思いますが、どうしても自宅を守りたいという気持ちばかりが先行しますと、思考がぼんやりとしてその考えに至らないのかもしれません。家族のために家を残したい、という思いがあればなおさらかもしれません。

個人的な思いとしては、消費者金融などの高い金利のところから借りてでも、住宅ローンの返済にまわして、家族の思い出のつまった家を死守したいという気持ちは痛いほどわかります。ですが、それはあくまでもその場しのぎの策に他ならず、ご自宅を守る決定的な手段にはなり得ません。もしかしたら、大切な家族のために自宅を残したいという純粋な気持ちがあだになり、家族の皆様にも嫌な思いを与えてしまうかもしれません。

そもそも自宅などに抵当権を設定せず、無担保でお金を貸している会社は、抵当権などの、いわゆる借金のカタがなくても自分たちの力をもってすれば、元本はもとより利息分もひっくるめてお金を回収できるという、強い自信とノウハウ、行動力を持っているからこそ、お金を貸すことを商売としていけるわけです。

それゆえ、その会社からの取り立ては、正直申し上げて住宅ローンの金融機関からの督促とは比較にならないくらい、非常に厳しいものとなります。

一時期、問題となった商工ローンの取り立てのように、「金がないのだったら、腎臓や肝臓を売ってでも返せ」といった非常に凶悪な言葉の暴力、あるいはドアの前に悪臭を放つゴミを投げ入れる、もしくは身の危険を感じさせるようなレベルの直接的な暴力を行う会社はさすがに少ないとは思いますが、それでも法律ぎりぎりのグレーなラインの取り立てを受けることによって、ご自身あるいはご家族の皆様が多かれ少なかれ嫌な思いをすることは間違いないでしょう。

借金で借金を返すことは自転車操業を行っていることと同じです。しかも金利の高い借金ですから、雪だるま式に大きく増えていきます。すぐに行き詰まり、転んで大怪我を負ってしまうことは確実です。しかも怪我をするのはご自分だけではなく、大切な家族も巻き添えを食う可能性が高いのです。

あまりにもふくらんだ借金の大きさに絶望して、自らの死でもって償う、とまで思い詰める方もいらっしゃるようです。

真面目な方ほどその傾向にあると思いますが、そんなことは決してなさらないでください。

ご自身を、そして大切なご家族を守るためにも、何度も申し上げます。

借金で借金を返さないでください。雪だるま式に借金がふくらむだけで、いいことはひとつもありません。

第三者を巻き込むこと ×

定年を迎えたAさんは、支給された退職金のほとんどを費やしたものの、自宅マンションにかかっていたローンの残債務を一括で返済しました。一生の買い物として購入した自宅の住宅ローンがなくなり、ほっと胸をなでおろしていたその頃、知り合いのBさんがAさんのもとへとやってきました。

かれこれ数年は会っていなかったBさんの突然の訪問に驚いたAさんでしたが、顔を合わせた途端に飛び出た言葉にさらに驚くことになります。

「融資の保証人になってください」

経営していたレストランをリニューアルする改装費や、他とは一線を画したコンセプトの店にするために飲食業のコンサルタントを雇う費用を捻出するためには、どうしてもお金がかかる。自分単身では信用がないから借りられないものの、保証人をつけてくれれば貸してくれる金融機関がある。だから保証人になってもらいたい。

Bさんの話の内容は、かいつまんでいえばそういったものでした。

矢継ぎ早に自分の現状を話したBさんでしたが、突如として土下座をして懇願しました。

「絶対に店を繁盛させ、借金は早々に返していきます。Aさんには死んでも迷惑はかけません。なにとぞ私を信じてください」

融資を受けたい金額は100万円とのことでした。

正直いって知り合いとはいえ、Bさんとはここ数年来会っていませんでしたし、なによりレストランの経営のことなど門外漢であったAさんからしてみれば、実際のところレストランが流行るのかどうかはわかりません。

ただ元来、人のよい性格のAさんです。いろいろと考えましたが、目の前で土下座をし続けるBさんの「迷惑はかけない」というひと言を信じ、最悪の場合であっても100万円の融資金額をこちらが全部被って返しさえすれば終わる。あとは少しずつでもBさんから返してもらえばいいと思い、その保証人になることを承諾しました。

その後わかったのですが、Bさんは金融機関といっていましたが、実際のところは中小企業に事業融資を扱う商工ローンでした。そのことを知ったのは、その数日後にAさん宅を訪ねてきた商工ローン会社のC社の担当者からでした。

契約書に署名捺印をする際、AさんはC社の担当者に「100万円の保証をすればいいのですよね?」と尋ねたところ、担当者は「そうですね。今回の借り入れは100万円となっております」と答えました。担当者がわざわざ「今回」と前置きをつける意味がわからなかったのですが、小さなことでたいして意味のないことだろうと、さほど気にはしませんでした。それが小さなことどころか、大きな意味合いをはらんでいることを知ったのは、だいぶ先の話になります。

そして、その3年後のことです。

連帯保証人になったことなどすっかり忘れていたその頃、C社の担当者が訪問してきたのです。用件を尋ねると、その担当者はいたって冷静にこういったのです。

「実はBさんからの返済が滞っており、そこからはもう債権を回収することは不能と判断しました。よって、根保証の保証人であるAさんに一括で返済するようお願いしにきた次第です」

そうなのです。結局Bさんのレストランのリニューアルプランは失敗に終わったのです。ただそれであるのならば、なぜBさんは自分に一言もいわないのでしょうか。保証人になってくれとお願いしにきたときは、土下座までしていたというのに。

それにしても最悪の状況になった。100万円を支払わなければならないのか……。仕方ないな。

Bさんに対する思いや100万円を負担しなければならなくなったこと。様々な思いが絡み合った複雑な気持ちの中、なにもいえなくなっていたAさんへC社の担当者は追い打ちをかけるようにいいました。

「Bさんの借入金は元本と利息、遅延損害金あわせて2000万円となります」

「えっ？」

意味がわかりませんでした。たしかに保証人になりましたが、あくまでも100万円のそれです。仮に利息や遅延損害金がついていたとしても2000万円なんて数字はあり得ません。

しかし続けていう担当者が続けた言葉は、驚くべきものでした。

「Aさんとは、極度額2000万円、保証期間三年の根保証契約を締結しています。ですから、今回の請求金額も法律に則ったものであり、おかしなものではありません」

根保証とは、保証する期間内であれば、極度額の範囲において何度でも借り入れと返済を繰り返すことができる保証契約のことであり、契約書にもきちんと記載されているとのことです。

契約書に書かれているといっても、虫眼鏡でももってこなければ読めないような小さな文字で書かれていますし、だいいち、自分でなんとかすることのできる100万円の保証だからこそ、今回、保証人になったのです。それでは約束が違います。

「ですが、100万円の保証だといってたじゃないですか」

Aさんの抗議に対して、担当者はひるむことなく答えました。

「ですから最初からいったじゃないですか。今回の借入れは100万です、と。極度額2000万円の根保証契約であれば、100万円は範囲内です。Bさんには別途融資をしても極度額に金額はおさまっています。ちゃんと契約書を読んでください」

Bさんの借りた融資を一括で支払えと言われたAさんは、あわててBさんに電話しましたが、その電話はすでに解約されていました。また店や自宅にもいったのですが、どちらももぬけの殻でした。隣の人の話によるとBさん一家は夜逃げしたとのことです。

Aさんは、今後どうすればいいのかわからず、私どもに相談をしにきたというわけです。

C社のやりかたには非常に疑問を感じますし、根保証契約を単純な保証であると誤認させるようなC社の担当者の誘導は、場合によっては裁判で争える可能性もあると思い、顧問の弁護士を紹介する話をしたのですが、しかし精神的に疲れていたAさんは裁判を行うよりも、今は早い解決を望んでいました。

Aさんのご自宅の不動産価値は2500万円ほどでした。Aさんとそのご家族は、ご自宅を売ることを決断されましたので、媒介を締結し、早々に買主を見つけました。その売却代金を返済にあてたのです。

この話は、商工ローンの根保証の保証人になってしまったがゆえに起きた悲劇です。

結局、債権者であるC社は債務者であるBさんがお金を返せるとは端から思っておらず、根保証の保証人であるAさんの自宅を狙っての融資だったというわけです。

連帯保証人になってくれる人がいるからこそ、窮地から脱出できた方も多数いらっしゃることだと思います。連帯保証制度自体が悪いとは思いません。しかし、連帯保証人をお願いする前に、もう一度、よく考えてください。その借金は自分で返せますか？

第7章

任意売却Q＆A

この章では、住宅ローンの問題や任意売却に関する疑問や不安をQ＆A方式で回答します。私どもの相談窓口でも、多くの相談者の方からいただいているご質問です。

Q1 どんな状況でも任意売却はできるの？

A 残念なことですが、どんな状況であっても任意売却できるとは断言できません。以下に任意売却ができない、もしくは難しい事例についてお話ししていきます。

1 共有者全員の許可が得られないケース

自宅不動産の所有名義が単独名義であれば、自己破産を申し立て破産管財人が選任されているなどの状況ではない限り、その方の判断で任意売却を行うことはできます。

しかしながら、その不動産の名義が単独ではなく共有されているケースにおいて、共有者全員から売却の意思が得られないときには、任意売却ができない可能性が非常に高いです。たとえ１００分の99の共有者が了解していても、残りの１００分の1の共有者が反対していたら、任意売却は成立しません。

なぜならば、一般的にすべての持ち分が移転しなければ、自分以外に誰かしらがその不動産に権利を主張する人間がいることになり、そのような状態ではまともに利用することができない可能性があります。仮に住宅ローンを組んで不動産を買おうとしても、そういった不動産にはどの金融機関もお金を貸してくれません。よって、そういった権利関係が複雑な物件を買う方は、余程のことがない限り、いらっしゃらないでしょう。ですから、共有者がいる場合、事前に全員の協力がとれるかどうか確認するのが肝心だと思います。

よくある話ですが、共有者が夫婦であるものの、離婚などで関係が悪化していて当事者同士ではまともに話し合いをすることすら難しいということもあります。そういった場合、第三者が間に入ることによって、話がスムーズにいくといったことも実際にありました。

あきらめずに、状況を的確に判断することができる任意売却専門業者に相談するのがいいかと思います。

2 連帯保証人の承諾が得られないケース

金融機関などの債権者によっては、その住宅ローンにおける保証会社以外の連帯保証人（住宅ローンを借りる際の融資条件として配偶者や親族が連帯保証人になるよう求められていた場合において）にも任意売却の承諾を求めてくるケースがあります。その場合、連帯保証人の承諾がなければ、話が進まない可能性が高いです。

どうしても連帯保証人から承諾をもらうことが難しいという話であれば、事前に債権者と相談しなければなりません。連帯保証人の方に言いづらい気持ちもわかりますが、前もって伝えておかないと後々さらに大きな火種になってしまうこともあります。

連帯保証人を引き受けていただいた方に冷静に話をすることができないということであれば、任意売却専門業者などを間に入れて、説明してもらうのがよいでしょう。

3 ご自宅の案内を拒否するケース

もし、不動産を売ろうとする意思があっても、実際にご自宅を購入希望者に見せることができなければ、売却することは難しいでしょう。

競売の場合は、不動産の内部を見られない前提であっても入札する人はいますが、内見ができない＝不確定要素が多いということで、売却価格が低くなります。それに対して任意売却の場合は、一般市場で適正な価格で買主を見つけようとします。その関係上、中を見ないで購入を決める方は少ないというわけです。

ときにはお部屋の中が非常に汚いので見せたくないという依頼人もいますが、リフォームまで必要ありませんが、できうる限りお部屋の片付けと整理整頓だけはされた方がいいでしょう。今後、引っ越しや引渡しをすること考えても、事前に片付けなどをしておく必要はあると思います。

4 税金などの差押えが外れないケース

税金や健康保険料などの滞納により役所からの差押えがついている場合、債権者からの抵当権などの担保権登記と同時にその差押え登記を抹消する必要があります。

役所からの差押え登記は、任意売却を行う上で非常にやっかいな障害になりかねません。

税金などを滞納しても、役所からはあまり厳しい督促をされない分、差押えを受けた方の感覚としては「突然差し押さえられた」と思われることが多いように見受けられます。

私は役所の徴税担当者と話をする機会も多いのですが、その抹消についての対応については一律に同じような反応をされるわけではありません。役所によってもかなり温度差があると実感しています。

割と柔軟に対応してもらえる役所もあれば、「滞納分を全額支払ってから連絡ください」と頑として自己の主張を譲ることのないところもあります。それに同じ役所であったとしても、抹消について相談する担当者やタイミングなどによっても異なるのです。

もし、差押え登記について全額納付されなければ抹消に応じないという役所にあたってしまった場合は、その解除に向けての役所との話し合いは難航する可能性も高いです。

税金などの滞納によって差し押さえられる状況に陥らないためにも、一括では難しくとも月々少しずつでも分納していき、差押えを避ける方向性で動いていくことが一番重要であると思われます。

5 時間が足りないケース

時間の問題も挙げられます。

たとえば、すでに競売の入札期日が出ている場合で任意売却をはじめようとしても、競売の開札期日が1ヶ月を切っているような状態ですと厳しいです。

開札期日前までに債権者に競売手続きの申立てを取り下げてもらうためには、買主を見つけ、抵当権などを外すための債権者側の社内的な稟議を通してもらい、決済を行う必要があります。1ヶ月足らずの時間でこれらをすべて行うことは難しいでしょう。

債権者の中には、開札期日前までにすべてを行わなくとも、不動産売買契約だけしてもらえれば、競売手続きの延期に同意してくれる会社もあるかもしれません。延期さえしてもらえれば、その期間は入札では落札されることはなくなるのです。しかしながら、売買契約をしただけで延期に同意をしてくれる債権者は、そう多くはないでしょう。

やはり、早め早めに行動をすることが肝心です。住宅ローンに困った段階で、知識やノウハウがある、しかるべき任意売却専門業者に相談をした方がよろしいかと思います。

6 任意売却を一切認めていない債権者のケース

任意売却自体を一切認めていない債権者もいます。旧公団（現UR都市機構）や公社系の債権者がこれにあてはまります。理由としては、①旧公団や公社の場合、買戻し特約登記（※1）が設定されていること。②通常の不動産のように金融機関から住宅ローンを組む形ではなく、割賦販売（※2）が用いられていることが挙げられます。

旧公団や公社の立場からすると、もし所有者が支払えなくなったときには、競売で処理することでかまわないとするということです。仮に任意売却を認めたとしても、すべての債務を一括償還することが条件になります。

なお、旧公団や公社が分譲したから、その不動産を任意売却することができないという話ではありません。中古物件で民間の金融機関から住宅ローンを借りて返済できなくなってしまったというケースにおいては、任意売却が可能となります。

また、通常であれば任意売却を認めてくれる債権者であったとしても、債権者と所有者（債務者）とがすでに感情的に対立している場合、任意売却に応じてくれない可能性もありますので、ご注意ください。

※1　買戻し特約：最長10年以内（期限を定めない場合は5年以内）であれば、その不動産の売却代金と契約にかかった費用を買主に返還することで、その不動産を取り戻すことが可能となる権利のこと。特に売主が旧公団や公社が分譲した不動産に設定している権利で、主に期間内において、利益を求めるために転売することを防止するために設定されている。ただし、新築から余程短期での転売でなければ、旧公団や公社はその登記の抹消に応じてくれることが多い。

※2　割賦販売：商品代金を分割払いして販売すること。不動産については宅地建物取引業法により「代金の全部又は一部について、目的物の引渡し後一年以上の期間にわたり、かつ、二回以上に分割して受領することを条件として販売すること」と定められている。不動産実務としては旧公団や公社などの新築分譲の不動産でしか見受けられない販売方法。

Q2 債務の支払いの優先順位は？

A 任意売却を行うにあたって、月々の支払いの優先順位は非常に重要な要素です。

一番気をつけなければならないのは、税金や健康保険料などの滞納です。税金などを未納したとしても特に厳しい督促がない分、後回しにされがちですが、滞納による差押えは突如としてやってきます。この差押えは、役所によっても異なりますが、外すためにはかなり厳しい条件を突きつけられる可能性があります。

また、税金などについては、仮に自己破産を行ったとしても免責許可は取れません。税金の滞納分が消えてなくなることはないのです。ですから、その部分においても、滞納や未納をしている債務のうち、税金や健康保険料などは、最も優先して支払うべきものだとお考えください。たとえば、マンションに住んでいますと、毎月、管理費と修繕積立金などの費用がかかりますが、管理費や修繕積立金の滞納分については、債権者は大方、売却代金の中から配分金という形で支払うことを認めてくれます。もし税金を未納しているものの管理費は支払っているということであれば、逆にご自宅を差押えされないよう、税金の分納にあてた方がいいかと思います。

Q3 自己破産した方がいいの？

A 任意売却は必ずしも自己破産とセットで考えるべきものではないと思います。

債権者に対して誠意ある対応を行い、常識的な返済金額であれば納得してもらえるケースもあります。とはいえ、任意売却後の残債務があまりにも多すぎて、とてもではないが返済が追いつかず、自己破産や法的処置をとらなければならない必要性に迫られることもあるかもしれません。

ただ、一ついえることは、仮に自己破産などを行うとしても、それは不動産の任意売却より前に行う必要はないということです。理由としては不動産という財産を所有している時点で自己破産を申し立てた際、同時廃止事件（※1）ではなく、裁判所より破産管財人が選任される管財事件（※2）になるかもしれないからです。

自己破産を申し立てる際、破産管財人が選任される場合、申立費用や弁護士費用の他に、20万円程度からの予納金が別途必要となります。この費用は、破産を申し立てた本人が予納することになります。つまりは破産の申立てにかかる費用、弁護士費用の他に、破産管財人の費用までを負担する必要がでてくるのです。金銭面で考えるとこれは大きな負担です。

また、破産管財人が選任された段階で、不動産を所有者自身の意思で売ることはできなくなります。これもまた、精神的な部分での大きなマイナスポイントであると思います。

例外的に、たとえば住宅ローン以外にもお金を借りており、その取立てが非常に厳しくご当人やご家族の精神的負担が大きいということであれば、すぐにでも自己破産をお考えになるのもわかります。しかしながらそうではない、ということであれば、まずは任意売却を行い、その後に任意での解決を図るか、それとも自己破産を含めた法的処置をとるかを判断されてはいかがでしょうか。

※1 同時廃止事件：不動産などの換金できる財産がほとんどない場合、破産申立てと同時に手続きが終了する。ここでいう「廃止」とは「手続きの終了」を意味する。

※2 管財事件：不動産などの換金できる財産がある状況で破産申立てを行うと、裁判所より破産管財人が選任される。破産管財人は債務者の財産を換金処分して、各債権者に配分を行う。通常、不動産はめぼしい財産として換金処分の対象となり破産管財物件として扱われるが、固定資産税評価額や複数の不動産業者の査定金額より、抵当権などが設定された被担保債権の残額の方が大幅に多い（オーバーローン）場合、管財物件ではなく同時廃止事件として取り扱われる可能性もある。

Q4 任意売却はいつまでできるの？

Ⓐ 任意売却を行うことができる時期についてですが、競売の開札日前日まで可能となります。開札期日の前日までにすべての段取りを終える必要があります。

ご自宅を売りに出し、買う方を見つけ、配分案により各債権者の調整を行い、抵当権などの抹消に関して債権者の社内稟議を通してもらい、それと平行して売買契約を締結し、ご自宅の引渡しが行われる決済日を迎え、競売の取下げの申請を出してもらう、といった一連の流れを行うためには、多少なりとも時間がかかります。

すでに購入希望者がいたとしても、1ヶ月の期間は欲しいところです。もし自宅を買いたいという方を見つけるところからはじめるのならば、もっと時間が必要になります。開札期日の前日までというタイムリミットが設けられている関係上、そこまでの時間が短ければ短いほど、任意売却成立の可能性は低くなります。

逆にいえば、余裕を持ったスケジュールになればなるほど、任意売却が成功する可能性が高くなるということです。

Q5 費用はどれくらいかかるの？

A 任意売却にかかる費用ですが、純粋に任意売却専門業者に依頼して任意売却を行った際の手数料については、通常の不動産売買の仲介手数料と同額になります。速算式を出しますと、売買代金×3％＋6万円＋手数料にかかる消費税、です。任意売却専門業者は、不動産業者であるのが通例ですので、その手数料も仲介手数料のみです。なおかつ、不動産の仲介手数料は前払いではなく、実際に不動産が売却された際に、不動産の売却代金の中から配分金として支払われるので、所有者の負担はありません。もちろん、前払いではありませんし、任意売却が成立しない場合、なんら費用は発生しない、完全な成功報酬でもあります。仮に媒介契約を締結したからといってその段階でなんらかの金銭が発生するというわけではありません。

ただこういった料金体系は、あくまでも通常の任意売却専門業者（不動産業者）のそれであり、売却代金の中から配分金として仲介手数料をもらうことができない不動産業者以外のコンサルタントなどを介したケースにおいては、仲介手数料以外に紹介料などの料金が別途発生する可能性があります。また、直接任意売却専門業者に依頼したとしても、その業者のスタンスによっては仲介手数料以外に広告料などが発生する可能性もあります。お金にかかわることですので、依頼をする前に料金についてはしっかりと確認されたほうがよいでしょう。

Q6 引っ越し代はもらえるの？

Ⓐ 競売になってしまった場合は支払われないケースが多いです。

競売物件の買受人が所有者に対して、退去に関してなんらかの金銭を渡さなければならないという法的根拠は一切ありません。最近では競売における法手続が整備されたので、家に住んでいる方とは一切交渉をすることなく、すべて強制執行のみで解決する個人や法人が増えました。もちろん、法的に行うのですから、引っ越し代などは支払われません。それどころか、買受人から所有権移転時から退去にかかるまでの間の家賃相当額の損害賠償金や、マンションであればこれまで滞納していた管理費などの立て替え分を支払えと請求されるケースもあります。

それでは、任意売却の場合はどうでしょうか。一昔前と比べて、売却代金の中から配分金として引っ越し代を認めない債権者も増えてきたと実感していますが、任意売却に協力することにより引っ越し代を認める債権者もいます。住宅金融支援機構のように、債権者の中には、仮に引っ越し代を出すとしても債務者がすでに自己破産していることを条件とするところもあります。引っ越し代については債権者によってケースバイケースですので、任意売却専門業者に相談の上、進めるのがよいでしょう。

Q7 一部の債権者にのみ払いたいのですが？

A 支払いが困難になった状況で特定の債権者のみに返済し続けることは避けた方がいいです。その理由としては二つあります。

一つめは、任意売却ができなくなる可能性があるからです。

たとえば、ご自宅に二社の抵当権が設定されているとします。一社はすでに6ヶ月間滞納をした関係上、期限の利益が喪失していますが、もう一社には支払いを続けていたので、期限の利益は喪失していません。

こういった状況の場合、住宅ローンが支払われていない債権者は任意売却を行うことを認めても、住宅ローンの支払いが続けられている方は任意売却を行うことを認めません。滞納されていない債権者は、遅滞なく支払いが続けられている正常債権の状態なのだから、わざわざ残債務以下で抵当権を外すことはない、と判断するためです。

したがって、抵当権などの担保権を設定した債権者が複数いる場合、住宅ローンを滞納するのであれば、毎月の返済額の大小を問わず、一斉に止めてください。こちらは月々の返済額が多いから支払えないけど、あちらは少ないから頑張って払っていこう、といったことは避けていただくようお願いします。住宅ローンを滞納するタイミングを間違えると、後々、大きな問題となって跳ね返ってきますのでご注意ください。

二つめは、特定の債権者にのみ支払いを続けていますと、自己破産を申し立てても、特定の債権者のみに便宜をはかったという理由で破産免責が許可されない可能性があるからです。

たとえば、他の債権者からの債務は滞納し続けている状況なのに、自分の親族ですとか知人からの借入金を優先して返済したり、他に担保を渡したりする行為がそれにあたります。

免責の許可、不許可については、ジャッジを行う裁判官の裁量によるところが大きいので、前述した行動をとったとしても絶対に免責不許可になるとはいえませんが、不測の事態に陥らないよう、気をつけておいた方がよろしいでしょう。

Q8 残債務はどうなるの？

Ⓐ 任意売却にせよ、競売にせよ、ご自宅を手放せばすべてが終わるというわけではありません。不動産の売却代金が住宅ローン債務の全額を下回っている場合は、売却代金を差し引いた金額が債務としてそのまま残ります。当初の住宅ローンが自宅不動産に抵当権などの担保権が設定された有担保であるのに対し、不動産への担保が外れていることから、この残債務を無担保債務といいます。

この無担保債務は、もともと無担保であったその他の債務や税金などの未納分があれば、それもあわせて支払わなくてはなりません。自宅を売却したからといっても、自動的に債務が消滅するわけではないのでご注意ください。

しかし、恐れる必要はありません。任意売却終了後の残債務についてはその方のできる範囲で支払いを続けるか、法的処置を検討すればよいかと思います。

ここで重要なので「できる範囲で」ということです。現在の状況によって「できる範囲」というのは変わってきます。毎月数千円が精いっぱいの方もいれば毎月数十万円が精いっぱいの方もいらっしゃいます。私の知る限り、誠意ある対応をすれば威圧的に迫ってくる大手債権者はあまりいません。

いずれにせよ、債務をそのまま放っておくことだけはしない方がいいでしょう。任意売却をした記憶が薄れたころに突然、残債務を支払えと訴訟を起こされる可能性もないとはいえません。

このようなことを踏まえ、弁護士や司法書士とチームで任意売却後のフォローをしてくれる任意売却専門業者に依頼されることがよいかと思います。

Q9 親子間・親族間売買は可能なの？

Ⓐ 私どもの相談窓口において、一、二を争うくらい多いのが親子間売買や親族間売買のお問い合わせです。親族間ならまだしも親子間売買は、任意売却ができる難易度が上がります。

親子間売買の難易度が高いのは、二つの理由からです。

一つが、金融機関などの債権者は、直近の家族がその不動産を任意売却にて購入することを認めない傾向にあるから。もう一つが、住宅ローンを組もうとしても、銀行が親子間での取引のための融資をしてくれないから、です。

いずれにせよ、親子間で不動産の売買を行うのは一般的ではないという判断から、親子間売買は認められない方向にある、ということです。

とはいえ、状況によっては、ハードルは高いですが親子間売買は可能です。

私どものように親子間売買にも取り組んでいる任意売却専門業者はいますので、状況とあわせて事前相談されるのがよろしいかと思います。

Q10 毎月の返済金額を減らすことは可能？

Ⓐ 今現在、住宅ローンを払っていくのは苦しいけれども、返済額がもう少し減れば払っていくことができる、という方からご相談いただくこともよくあります。

平成21年12月に「中小企業金融円滑化法」が施行されてから、金融機関は返済条件の変更に関する相談に柔軟に対応してくれるようになりました。金融機関の担当者と相談すれば、一定期間ではありますが月々の返済金額を減らすリスケジュールを行ってくれると思います。

ただし、返済期間を延長することによって毎月の返済金額を減らしたり、利息分のみの支払いで元金返済は猶予するといったような返済条件の変更であり、住宅ローンの元本自体を免除するという話ではありません。

しかも、あくまでも一定期間の話ですので、ずっとその返済条件が続くというわけではありません。それに返済期間が延長されますので、その分、トータルの住宅ローンの返済総額は大きく増えることになります。

ですから、現在は苦しいけれども近い将来には、経済状況が好転するという見込みがあればリスケジュールを行うのも一つの手でしょう。しかしながら、近い将来の見通しがまったく立っていないということであれば、リスケジュールをしたとしても、一時しのぎの策にしか過ぎず、問題の根本的な解決にはならないと思います。

毎月の支払いが厳しく、将来の収入が増える見通しが立たなくなった時点で、任意売却専門業者に相談してみることをお勧めします。

Q11 任意売却が終わった後の相談は？

A 任意売却専門業者の考え方にもよりますが、良心的な業者であれば任意売却が終わった後の相談にも応じてくれると思います。
任意売却の依頼をする前に、弁護士、司法書士、税理士等と連携したアフターフォローをしてもらえるのかについても、しっかり確認された方がよろしいかと思います。

レフォルマ任意売却センターの紹介

債務者の相談窓口「レフォルマ任意売却センター」

レフォルマ任意売却センターには
日々様々な相談者の方から問い合わせが寄せられます。

「来月から支払いができない！」

「近所に知られたら、子供が可哀そう！」

「突然、競売の通知が届いた！」

「恥ずかしくて誰にも言えない！」

「支払できないけど、自己破産もできない」ｅｔｃ…

まずは、我々に不安や悩みをぶつけてください。

レフォルマでは住宅ローンでお困りの方を総合的にバックアップいたします。債権者との交渉、提携会社との連携で早期売却を実現。残債務のご相談から弁護士、司法書士のご紹介までワンストップサービスで安心して任意売却を進められる体制を整えております。

「人々のお役に立つこと」が我々の仕事の原点です。

レフォルマ任意売却センター　ホームページ　http : //www.ninbai.biz/

レフォルマ任意売却センター

http : //www.ninbai.biz/

フリーダイヤル　0120－281－864

【当社顧問】

弁護士	藤川綱之	（新谷・藤川法律事務所）
司法書士	木村幸広	（木村法務事務所）
公認会計士・税理士	吉田恵子	（芝会計事務所）

レフォルマ×リノべる。

任意売却＋リノベーションで早期売却「リノべる。」

任意売却を進めるにあたり、より早く確実に売却する必要があります。

近年、中古物件の市場では「リフォーム済み」や「リノベーション済み」の物件が増加しておりますが、当然そのような物件には不動産業者の利益も上乗せされています。

また、最近の傾向として中古物件を購入して自ら好きなようにリフォームやリノベーションを行いたいというニーズが急増しています。

そのようなお客様に注目されているのが「リノべる。」です。

「リノべる。」のサイトでは素材となるリフォーム前の物件を専門に集めて紹介しており、リノベーションの施工から金融機関の紹介までワンストップでサービスを提供しています。

そこでレフォルマはリノべる株式会社と提携し、ご相談いただいた案件は「リノべる。」を活用して早期売却を実現しています。任意売却の情報に関してはクローズですので、売主様も安心してお任せいただいています。

売主様も早期売却でき、買主様も施工前の物件を購入でき、債権者も早期回収でき、三方良しです。

「リノベる。」ホームページ　http://www.renoveru.jp/

リノベる株式会社

【東京】　〒151−0051東京都渋谷区千駄ヶ谷2−9−6

フリーダイヤル　0120−684−224

【大阪】　〒550−0015　大阪市西区南堀江2−6−19

フリーダイヤル　0120−284−224

対談

株式会社レフォルマ　代表取締役　伊藤光記
×
リノべる株式会社　代表取締役　山下智弘

伊藤：今日はよろしくお願いします。
山下：こちらこそよろしくお願いします。
伊藤：山下社長と出会ってから、まだそんなに時間は経ってないですよね？
山下：そうですね、まだ1年くらいですよね。
伊藤：でも会った瞬間にこの人と仕事したいって思ったな。
山下：今の不動産・建築の業界はおかしい!!って、いつも二人で話し出すといつの間にか2、3時間経ってしまいますもんね。
伊藤：ほんと、ほんと。この人熱いなーって。いつも本気で業界を変えようって気持ちを感じます。
山下：うれしかったのは、伊藤社長を紹介してくれたのは、まだ社会人になって1年目の営業マンだったんですが、「山下さんに絶対合う人見つけました！　何かわからないですが、いろいろ似てるんです！」と言ってくれました。まだ社会に出て1年なのに、ぼくがやりたいことを感じてくれて、またそれと同じ周波を持つ人を引き付けてくれる。
伊藤：そうですね。僕もあの営業マンに熱く語っていなかったら、この出会いもなかったですからね。ほんと出会いに感謝です。

さて本題ですが「リノベる。」さんにいらっしゃるお客様はどのような方が多いですか？

山下：一次取得者層の方がメインです。

伊藤：年齢はいくつくらいの方が多いですか？

山下：20代後半から40代前半かな

伊藤：家族構成はどんな感じですか？

山下：家族構成は2～4人ですかね。東京に限ってはシングルの方も結構いらっしゃいますね。

伊藤：地方はシングルで購入希望者っていないんですか？

山下：まだ、少ないですね。

伊藤：価格帯はどれくらいの物件を求めている方が多いですか？

リノベる株式会社　山下社長（左）との対談

山下：東京は3000万円台、大阪、神奈川は2000万円台、神戸、埼玉は1500万円台が多いかな。プラスアルファ工事費用は60㎡で700万円前後かける方が多いですね。

伊藤：そうすると工事費用と合わせて新築価格の6～7割くらいの価格ってイメージですかね？

山下：そのとおりですね。

伊藤：ここ最近、お客様のニーズって変わりましたか？　たとえば「古い物件は嫌だ」とか？

山下：いやー、それはほとんど実感ないですね。逆に年数を「味」とか「レトロ感」と感じていただける感性のお客様が多いですよ。

伊藤：「リノべる。」さんのお客様にとって任意売却物件のメリットって何ですか？

山下：リフォーム前の物件をご紹介いただけることですかね。今、一般市場に出ている中古物件って不動産業者が加工した物件がほとんどじゃないですか。だから、リフォーム前の物件って貴重です。工事費用と不動産業者の利益が乗っていない分、「リノべる。」のお客様にとっては十分メリットがあります。

　そういえば、先日、レフォルマさんと「リノべる。」の取組みって農家と農協の関係に似てるねって、面白いたとえをする方がいまして。

伊藤：それってどういう意味ですか？

山下：農家の方は農協から形も大きさも揃ってないと売れないから揃えろって言われてバンバ

ン農薬使って育てるけど、自分たちの食べる分は農薬を使わずに育てる。その分、泥とか虫がついてるけどそんなのは洗って落とせばいいって。まあ、その泥とか虫を取り除くのが我々の仕事で、僕たちの取組みって〝農協飛ばし〟だよねって。そう言われました。

伊藤：そのたとえ、うまいな。じゃあ、今後も農協を飛ばして、皆様の役に立てるようにこれからもよろしくお願いします。本日はありがとうございました。

山下：こちらこそ、ありがとうございました。

おわりに

私が任意売却に携わって10年が経ちました。

この事業を始めたばかりに頃に忘れられないお客様がいます。

それはある奥様からのご相談でした。

「ローンが返せないんですけど…」電話口からも、すごく不安を感じている様子が伝わってきました。

紆余曲折ありましたが、債権者とも話がまとまり、購入希望者も見つかり無事決済を迎えることができました。決済当日は部下と二人で立ち会い関係者に挨拶をして、帰ろうしたときにその奥様が、「伊藤さん、本当にありがとうございました」と深々と頭を下げ、涙目でお礼を言われました。

それまでの私の人生で泣かれるほど人に感謝されたことってなかったと思います。おそらく私自身の心にスイッチが入った瞬間だと思います。

その瞬間に「この仕事を一生しよう」と心に誓いました。

不動産業界は海千山千の業界、と言われます。

しかし、このようにお客様の人生を左右する大きな場面だけにお役に立てる機会も多々あります。

それはひとえにその会社の考え方によるところが大きいと思います。

「人の役に立つ」これが当社の仕事に対する考え方です。人の役に立っていないのに報酬はいただけません。

不動産業界で「人の役に立つ」の精神を貫き、一人でも多くの方を競売から回避するお手伝いができればという想いで、この10年間走ってきました。

最後に本書を出版するにあたり、株式会社住宅新報社実務図書編集部の皆様、新谷・藤川法律事務所・藤川綱之弁護士、リノベる株式会社の山下智弘社長、弊社レフォルマの西岡護朗はじめスタッフ一同に多大なるご協力をいただき本当に感謝しております。この場を借りて深く御礼を申し上げます。

●会社概要

社名	株式会社レフォルマ
所在地	108-0074 東京都港区高輪3-4-13 レフォルマ高輪8階
代表取締役	伊藤光記
宅建業免許番号	東京都知事（2）第81638号
TEL	03-5798-3611
FAX	03-5798-3612
Mail	info@reforma.co.jp
URL	http：//www.reforma.co.jp

●事業内容

中古マンション再生事業
不動産コンサルティング事業
不動産売買、仲介、管理事業

取材 企画協力実績

■2012年2月27日発売「プロが教える任意売却の上手な進め方」週刊住宅新聞社刊
■2011年11月22日号「住宅新報」
■2011年1月7日号「週刊ビル経営」
■2010年12月20日号「週刊ビル経営」
■2010年7月25日放送 テレビ東京系「トコトンハテナ」
■2009年12月18日掲載「日経不動産マーケット情報」
■2009年10月6日放送 テレビ東京系「日経スペシャル ガイアの夜明け」
■2009年8月4日掲載「フジサンケイビジネスアイ」
■2009年7月25日掲載「産経新聞」
■2009年7月13日号「アエラ」
■2009年7月3日掲載「産経新聞」
■2009年6月15日放送 TBS系「みのもんたの朝ズバッ！」
■2009年6月12日放送 テレビ東京系「ワールドビジネスサテライト」
■2009年4月3日号「週刊朝日」住宅ローンが払えない！
■2008年5月12日号「週刊ビル経営」
■2008年3月24日放送 テレビ東京系「ワールドビジネスサテライト」
■2008年3月24日号「週刊ビル経営」
■2006年9月26日発売「週刊 SPA！」[競売物件購入]の知られざる世界
■2006年4月10日発売「住宅ローンを返せなくなったときに読む本」週刊住宅新聞社刊
■2006年4月3日号「週刊住宅新聞」
■2005年9月1日発売「日経トレンディ」
■2005年7月号オレまる「はじめての不動産競売」
■2005年6月28日号「日経産業新聞」
■2005年4月22日放送 テレビ朝日系「報道ステーション」
■2005年1月11日発売「週刊 SPA！」[ワケあり物件/商品]はホントにお買い得なのか!?
■2004年12月25日放送 スカパー系「夢のドリーム競売」

住宅金融支援機構

任意売却資料

住宅金融支援機構ホームページより転載
URL　http://www.jhf.go.jp/

平成 23 年 4 月
独立行政法人住宅金融支援機構

任意売却の手続について

このパンフレットは、独立行政法人住宅金融支援機構（旧住宅金融公庫）又は独立行政法人福祉医療機構（旧年金資金運用基金）の抵当権が設定された物件の売買において行っていただく手続や、独立行政法人住宅金融支援機構（受託金融機関を含みます。以下「当方」といいます。）が抵当権抹消の可否を判断する際に必要となる書類を提示するものです。

仲介業者の皆様（以下「仲介業者」といいます。）はもちろんのこと、債務者や所有者の方（以下「お客様」といいます。）にも、趣旨及び内容を十分ご理解いただいた上で手続願います。

なお、以下の手続が行われない場合、売却及び抵当権抹消に応じることができず、仲介が不成立になることがありますのでご留意ください。

※　フラット 35 による融資物件（登記事項証明書の抵当権設定登記の【原因】が「平成〇年〇月〇日債権譲渡（原契約同日金銭消費貸借、譲渡人（受託金融機関名）にかかる債権の同日設定」となっているもの）の任意売却の手続については、専用のパンフレットをご覧ください。

※　書式については、当方のホームページ（http://www.jhf.go.jp）にて入手することができます。

1　仲介の依頼

任意売却の手続に入る前に、お客様又は代理人等から「任意売却に関する申出書」（任－①）（同申出書の提出前に購入希望者が現れた場合は、「抵当権抹消応諾申請書（任－③）を当方にご提出いただきます。

なお、仲介業者の選定に当たっては、上記申出書において、お客様に次の２方式の中から選択していただきます。

お客様自ら選定

お客様自らが仲介業者を選定する方式です。

なお、仲介業者がお客様から直接仲介依頼を受けた場合で、お客様が上記申出書を当方に提出されていない場合は、早めに当方にご連絡願います。

その際は、上記申出書の作成及び提出にご協力願います。

当方からの個別紹介による選定

お客様からのご依頼に基づき、当方の任意売却手続をご理解いただいた複数の仲介業者をお客様に紹介し、お客様に仲介業者を選定していただく方式です。

2　物件調査・価格査定

価格査定書の作成は、物件調査により明らかになった事項等の「根拠」に基づき仲介業者に行っていただきます。なお、価格査定書に記載された取引事例採用の理由、調整率等の判定根拠等について、対象物件等の物件調査が行われているという前提で具体的にお伺いすることもありますのでご留意願います。

土地価格については、当方は地価公示価格や路線価も確認資料としていますので、比較事例と公的指標とのバランス等についてもご注意ください（仲介業者が把握している市場価格と公的指標とが乖離している場合はその理由も説明いただくことがあります。）。

3　売出価格の決定

仲介業者は、売出し前に次表に定める必要書類を提出し、当方と売出価格の協議を行います。

「高め売出し」と「広範な買手探索」が当方における任意売却手続の基本であり、仲介業者の査定価格が売出価格として妥当であるか等について確認させていただきます。

（平成 23 年４月１日から適用）

なお、当方が確認していない価格での売出価格により購入希望者を見つけられた場合は、債権者として売却及び抵当権抹消に応諾できない場合がありますのでご留意願います。

必要書類（既に当方がお客様との交渉過程等で取得しているものは省略できます。）

戸建住宅
(1) 売出価格確認申請書（任－④）
(2) 価格査定書（任－⑤）又は(財)不動産流通近代化センター制定のもの
(3) 実査チェックシート（任－⑥）
(4) 価格査定書に採用した取引事例の概要（チラシ、住宅情報誌等）
(5) 最新の路線価図（相続税路線価図又は固定資産税路線価図）
又は最新の固定資産税評価証明書
(6) 周辺地図（対象物件の所在を明示したもの）
(7) 住宅地図（対象物件を明示したもの）
(8) 写真（１物件６枚程度）
※ 物件処分を近隣に知られたくない方もいらっしゃいますので、撮影には十分配慮願います。
・建物全景（建物全体、門扉及び外構が写っているもの最低２枚）
・玄関周り　・遠景（周辺環境がわかるもの）
・その他建物及び敷地の特徴がわかるもの
(9) その他当方が必要と判断した書類

マンション
(1) 売出価格確認申請書（任－④）
(2) 価格査定書（任－⑦）又は(財)不動産流通近代化センター制定のもの
(3) 実査チェックシート（任－⑧）
※ 本書式は、比較事例マンションが査定マンションと同一建物内にない場合は、比較事例マンション分及び査定マンション分の計２枚をご提出願います。
(4) 価格査定書に採用した取引事例の概要（チラシ、住宅情報誌等）
(5) 周辺地図（対象物件の所在を明示したもの）
(6) 住宅地図（対象物件を明示したもの）
(7) 写真（１物件２枚程度）　・外観がわかるもの
(8) その他当方が必要と判断した書類

4　媒介契約の締結

売出価格について当方の了解を得た後、速やかにお客様と仲介業者との間で、専任媒介契約又は専属専任媒介契約を締結していただき、締結後 10 営業日以内に次の書類を当方にご提出願います。

(1) 「（専属）専任媒介契約書」（写）
(2) 「レインズ登録証」（写）　　※ 法定登録期限を厳守願います。

5　媒介契約の締結・更新を行わない場合

以下の(1)の場合においては、媒介契約の更新を行わず、(2)により仲介業者の変更について当方からお客様に了解を求める場合がありますのでご了承ください。

(1) 媒介契約の締結又は更新を行わない場合
ア　依頼日から１か月以内に３及び４に定める書類の提出がない場合
イ　媒介期間中に当方が依頼した所定の報告等を行わない場合
ウ　当方が定める期間の経過によっても買手を見つけられない場合

（平成 23 年４月１日から適用）

(2) 引継業者の選定

当方が仲介業者の過去の実績等を勘案した上で、複数の仲介業者をお客様に紹介し、お客様に仲介業者を再選定いただきます。

6　買手の募集

媒介契約締結後、別添の「販売活動例」のように、できるだけ広範な販売活動を行ってください。

成約するまでの間は、「販売活動状況報告書」（任－⑨）を最低３か月毎及び価格引下げ申請時に当方に提出していただきます（掲載した広告媒体（ホームページ画面、住宅情報誌コピー、折り込みチラシ）等の添付が必要です。）。

なお、売出価格の変更の際は、必ず事前に当方へご相談ください。

7　利害関係人との調整

買手募集と並行して、抵当権等の抹消条件について、お客様の了解のもとに利害関係人と調整してください。なお、利害関係人の有無は必ず最新の登記事項証明書により確認してください。

＜留意事項＞

(1) 利害関係人への配分額や諸費用の控除について、内容によっては承諾できない場合がありますので、当方と事前に十分協議願います。

※ 当方において、承諾できる諸費用は、不動産仲介手数料、抹消登記費用、破産財団組入金等があります。

(2) 任意売却に協力いただけない利害関係人が存在する場合があるので、販売活動を開始する前に、購入希望者があった段階で改めて協議する旨の連絡を後順位抵当権者等に行ってください。

8　購入希望

購入希望があったときは、「売却に必要な費用等一覧」（任－⑩）に不動産購入申込書（買付証明書）を添付して、当方に送付してください（売出し後、新たな利害関係人が判明した場合には、登記事項証明書も添付願います。）。抵当権抹消の可否についての通知まで１週間程度の期間を要しますので、あらかじめご了承ください。

なお、「３　売出価格の決定」の手続を経ていない場合は、査定関係書類を添付した「査定額等確認申請書」（任－⑪）も当方に送付してください。

9　売買契約の締結

当方が抵当権抹消を承諾した後、お客様に売買契約を締結していただきます。なお、当方の承諾前に契約を締結される場合は、特約条項で必ず当方の承諾を停止条件付にしてください。

※　お客様（破産者を除く。）には、任意売却によっても残債務が生じる場合は、以後も返済（分割返済等）の必要があることをご説明願います。

10　代金決済

抵当権抹消関係書類の準備期間が必要なため、遅くとも決済日の２週間（10 営業日）前までに「代金決済予定日等の報告書」（任－⑫）により当方までご報告ください。

11　その他

お客様におかれましては、より有利な価格で売却するため、次の点にご留意ください。

(1) 室内外の清掃、家具・生活雑貨類の整理を行い、広く明るい状態にしてください。
(2) 対象物件に係る他の債権者に対して、お客様の任意売却手続について当方や仲介業者からも確認をとりますが、お客様ご自身でも積極的にご説明願います。

（平成 23 年４月１日から適用）

12　任意売却手続の断念

次の(1)から(5)までのいずれかに該当するときは、当方の判断で任意売却による回収を断念し、競売等の手続に着手します。予めご了承ください。

(1) このパンフレットにおいて、当方にご提出いただくこととしている書類をご提出いただけない場合
(2) お客様が当方に「任意売却に関する申出書」（任一①）を提出されてから購入希望者が長期間現れない場合
(3) 媒介契約締結日から６ヶ月を経過しても購入希望者が現れない場合
(4) 当方において売買予定価額や費用控除の額を審査した結果、抵当権抹消に応諾できないと判断した場合
(5) その他、当方において、任意売却により回収を図ることが困難又は不適当と判断した場合

（平成 23 年４月１日から適用）

（別添）

販売活動例

物件売却にあたり、当方が想定している販売活動例は以下のとおりです。
販売活動例の中から、できるだけ多く実施してください。
なお、これらの他にも、地域の実情等に即した販売活動を積極的に展開してください。

近　隣　向　け

新聞折込広告

物件周辺に折込む場合は、一面に掲載（集合チラシと比べ認識度・インパクトが大きい）するなどの工夫をしてください。

オープンハウス

チラシ投函

一次購入者向け物件であれば賃貸物件に投函したり、二次購入者（買替え）向け物件であれば分譲マンション・一戸建てへ投函する等、物件の特徴や地域市場の特性等を把握した上で有効な方策を講じてください。

広　域　向　け

住宅情報誌への掲載

間取り図・写真付きにするなど買手の購入意欲を高めるよう掲載方法を工夫してください。

インターネット

業界団体及び自社のホームページに掲載するなどの広範な買手探索活動を期待しています。間取り図・写真付きにするなどにより買手の購入意欲を高めるようにしてください。

自社へ登録されているお客様への紹介

自社管理の賃貸物件のお客様への紹介

他の不動産仲介業者へ紹介

以下の活動を行い、条件に合うお客様を紹介してください。

1　国土交通省指定流通機構への登録（必須）
2　周辺の業者への情報提供
3　周辺の業者への訪問等

（平成 23 年 4 月 1 日から適用）

任ー①

任意売却に関する申出書

平成　　年　　月　　日

独立行政法人住宅金融支援機構　御中
独立行政法人福 祉 医 療 機 構　御中

住　　所
氏　　名　　　　　　　　　　　　　　実印
（携帯）電話番号

住　　所
氏　　名　　　　　　　　　　　　　　実印
（携帯）電話番号

私は、貴機構に対する残債務について、「任意売却の手続について」（以下「任意売却パンフレット」という。）等の貴機構が定める手続に従い、当該債務に係る担保物件を売却することに同意し、売却代金を貴機構への返済に充てることを申出します。
併せて、下記の事項（破産手続開始の決定を受けている場合は下記５及び６を除き、破産免責許可の決定までなされている場合は下記４、５及び６を除く。）について申出及び同意します。

記

1　任意売却を仲介する業者について以下のとおり申出します。　（次の(1)又は(2)に○印）

(1) 仲介業者は、自ら決定します。（既に媒介契約を締結している場合を含む。）
※必ず仲介業者に「任意売却パンフレット」を渡し、下に押印をもらってください。
「任意売却パンフレット」の内容を了解した上で、これに定める手続に従って、お客様の売買の仲介を誠意を持って担当します。
業者名
印
連絡先　　　　　　（　　　　）

(2) 貴機構から個別に仲介業者の紹介を受けることを希望します。

2　担保物件の仲介を希望する業者に対して、貴機構が任意売却に必要な私の個人情報（氏名、連絡先、残債務額等）及び物件情報を提供すること並びに貴機構が仲介業者から売却情報の提供を受けること及び貴機構が関係権利者に残債務額等の確認を行うことに同意します。
3　任意売却の交渉の進捗状況に関わらず、当該担保物件について貴機構により不動産競売の申立てが行われることのあることを承諾します。
4　売却決済時の抵当権抹消及び売却代金が貴機構に対する残債務額に満たない場合の（延滞）損害金の減免について承認いただきたく申出します。
5　売却代金によっては残債務を完済できないことも考えられますので、債務が残ったときは貴機構と誠意をもってその弁済について協議します。
6　債権証書の返還の前後にかかわらず、貴機構の債権が残存する限り、担保物件に係る特約火災保険は、貴機構が解約して残債務に充当すること及び複数の質権者が存在する場合には、充当の額及び方法について貴機構の定めに従うことについて同意します。
7　全額繰上償還請求を受けていない場合にあっては、貴機構に対する残債務に係る期限の利益を放棄することに同意します。

（注）印は実印が好ましいが、後日仲介業者との媒介契約書に押印するものであれば差し支えない。

（平成 23 年４月１日から適用）

任－③

抵当権抹消応諾申請書

平成　　年　　月　　日

独立行政法人住宅金融支援機構　御中
独立行政法人福祉医療機構　御中

住　　所
氏　　名　　　　　　　　　　　　　　　　実印
(携帯)電話番号

住　　所
氏　　名　　　　　　　　　　　　　　　　実印
(携帯)電話番号

私は、貴機構に対する残債務について、当該債務に係る担保物件を売却し、別添「売却に必要な費用等一覧」のとおり売却代金を貴機構への返済に充てることを申出いたします。

つきましては、下記のとおり購入希望がありましたので、売却及び抵当権抹消について承諾していただきますよう申請いたします。

また、これと併せて（延滞）損害金の減免についても承認いただきたく、併せて申請いたします。

なお、売却代金により返済できなかった残債務については、後日協議の上誠意を持って弁済すると共に、担保物件に係る特約火災保険は、債権証書の返還の前後にかかわらず、貴機構の債権が残存する限り、貴機構が解約して残債務に充当していただくこと及び複数の質権者が存する場合には、充当の額及び方法について貴機構の定めに従うことについても同意します。

記

1　仲介業者名

業　者　名	
業者所在地	TEL　　　（　　）

2　売却価格等

売却希望価額	万円（＝別添Ⓐ欄） ※ 別添「売却に必要な費用等一覧」のとおり

3　購入希望者の概要

購入希望者氏名	（　□個人　□法人　） TEL　　　（　　）

4　添付書類

□「売却に必要な費用等一覧」

（平成 23 年 4 月 1 日から適用）

任－④

売出価格確認申請書

平成　　年　　月　　日

独立行政法人住宅金融支援機構　御中
独立行政法人福祉医療機構　御中

社　　名

所在地

担当者名　　　　　　　　　　　　　印

電話番号

＿＿＿＿＿＿＿＿様所有不動産の売却にあたり、別添「価格査定書」記載の価格を売出価格とする予定ですのでご確認ください。

添付書類

戸建て住宅の場合

□ 価格査定書（任－⑤）又は（財）不動産流通近代化センター制定のもの
□ 実査チェックシート（任－⑥）
□ 価格査定書に採用した取引事例の概要（チラシ、住宅情報誌等）
□ 最新の路線価図（相続税路線価図又は固定資産税路線価図）
　又は最新の固定資産税評価証明書
□ 周辺地図（対象物件の所在を明示したもの）
□ 住宅地図（対象物件を明示したもの）
□ 写真（１物件６枚程度）

マンションの場合

□ 価格査定書（任－⑦）又は（財）不動産流通近代化センター制定のもの
□ 実査チェックシート（任－⑧）
□ 価格査定書に採用した取引事例の概要（チラシ、住宅情報誌等）
□ 周辺地図（対象物件の所在を明示したもの）
□ 住宅地図（対象物件を明示したもの）
□ 写真（１物件２枚程度）

（注１）種別ごとに全書類ご提出願います。
（注２）添付した書類は☑としてください。

（平成23年４月１日から適用）

任ー⑤

戸建住宅価格査定書

お客様 氏　名		査定日	年　　月　　日	査定者 氏　名	

査定対象物件	所在地						
	最寄駅		交通の便	徒歩圏 ・ バス圏	補足事項		
	建物面積	㎡　　階建	土地面積	㎡			
	建物構造	木造軸組 ・2×4 ・木質プレハブ ・鉄骨造 ・RC造			築　年　月	年　月	

取引事例	①	所在地				取引価格	万円
		最寄駅		交通の便	徒歩圏 ・ バス圏	(うち土地価格)	万円
		建物面積	㎡　　階建	土地面積	㎡	取引年月	年　月
		建物構造	木造軸組 ・2×4 ・木質プレハブ ・鉄骨造 ・RC造			築　年　月	年　月
	②	所在地				取引価格	万円
		最寄駅		交通の便	徒歩圏 ・ バス圏	(うち土地価格)	万円
		建物面積	㎡　　階建	土地面積	㎡	取引年月	年　月
		建物構造	木造軸組 ・2×4 ・木質プレハブ ・鉄骨造 ・RC造			築　年　月	年　月
	③	所在地				取引価格	万円
		最寄駅		交通の便	徒歩圏 ・ バス圏	(うち土地価格)	万円
		建物面積	㎡　　階建	土地面積	㎡	取引年月	年　月
		建物構造	木造軸組 ・2×4 ・木質プレハブ ・鉄骨造 ・RC造			築　年　月	年　月

査定価格を算出するにあたって採用した取引事例　（　　　　）

対象物件のプラスポイント	要　因	評　点	対象物件のマイナスポイント	要　因	評　点

査定結果

（建　物）　再調達単価　×　面積　×　現価率　＝　建物価格　（ 耐用年数　　年で計算 ）

（土　地）　土地事例単価　×　(100±評点計)/100　×　面積　＝　土地価格

（ 土地価格　＋　建物価格 ）　×　調整率　＝　査定価格

（平成 23 年 4 月 1 日から適用）

任－⑥

実査チェックシート（戸建住宅）

調査年月日　　　年　　月　　日

お客様名			
物件所在地			
土地	基本情報	最寄り駅	線　　　駅（□徒歩　　分 □バス　　分）
土地	基本情報	地積	㎡　　（ □市街化区域　□市街化調整区域）
土地	交通近隣状況	店舗への距離	□徒歩５分以内にあり　□徒歩10分以内にあり □徒歩15分以内にあり　□徒歩15分以内になし
土地	交通近隣状況	街並み	□優れる　□やや優れる □普通　□やや劣る　□劣る
土地	交通近隣状況	危険施設	□嫌悪施設あり　□嫌悪施設なし　□嫌悪施設の影響大
土地	環境等	騒音振動	□なし　□ややあり　□あり　□相当にあり　□極端にあり
土地	環境等	日照採光	□優れる　□やや優れる □普通　□やや劣る　□劣る
土地	街路状況	方位	※敷地略図（右下）に接道状況を記入
土地	街路状況	幅員	m
土地	街路状況	整備状況	□計画的で整然　□ほぼ整然　□計画性無く無秩序
土地	街路状況	舗装	□完全舗装　□簡易舗装　□未舗装
土地	画地状況	間口	m
土地	画地状況	形状	□整形　□やや不整形　□不整形　□相当に不整形　□極端に不整形
土地	画地状況	周辺の標準画地	規模　　㎡　間口　　m
建物	構造（工法）		□木造軸組　□２×４　□木質プレハブ　□鉄骨造　□ＲＣ造
建物	総床面積		㎡　築年月日　　年　月　日
建物	間取りの良否		□優良（５LDK・南向居室３部屋以上） □標準（４LDK・南向き居室２部屋以上）　□劣る（３LDK・日当たり不良）
建物	住宅性能評価		□高耐久性（機構基準）□バリアフリー（機構基準）□省エネ（機構基準）
その他	＜市場性にかかる所見＞ （例）　大手施工で状態がよい 周辺住宅に比べ品等が劣る 駐車スペースがない 一般的でないデザインで流通性に劣る		＜敷地略図＞

（平成23年4月1日から適用）

任ー⑦

マンション価格査定書

お客様氏名		査定日	年　月　日	査定者氏名	

査定対象物件		マンション名					
		所在地					
		総戸数	戸	階数	階／　階建	間取り・方位	DK
		築年月	年　月	構造		専有面積	㎡
取引事例	①	マンション名				取引価格	万円
		所在地				取引年月	年　月
		総戸数	戸	階数	階／　階建	間取り・方位	DK
		築年月	年　月	構造		専有面積	㎡
	②	マンション名				取引価格	万円
		所在地				取引年月	年　月
		総戸数	戸	階数	階／　階建	間取り・方位	DK
		築年月	年　月	構造		専有面積	㎡
	③	マンション名				取引価格	万円
		所在地				取引年月	年　月
		総戸数	戸	階数	階／　階建	間取り・方位	DK
		築年月	年　月	構造		専有面積	㎡

※上記取引事例のうち、査定価格を算出するにあたって採用した事例については、以下の項目を記入の上、実査チェックシート（事例マンション）を添付してください。

査定価格を算出するにあたって採用した取引事例　（　　　　）					
対象物件のプラスポイント	要因	評点	対象物件のマイナスポイント	要因	評点
査定結果	事例単価　×（100±評点計）/100　×　面積　＝		査定価格		

（平成23年4月1日から適用）

任－⑧

実査チェックシート（ 査定 ・ 比較事例 マンション）

＜いずれかに○印＞

調査年月日　　　年　　月　　日

お客様名		（事例の場合は不要）		
物件所在地				
基本情報	マンション名			
	最寄り駅	線　　駅（□徒歩　　分　□バス　　分）		
	総戸数		専有面積	㎡（□壁心 □内法）
	階層	階建て　　階	間取り	
	築年月日	年　　月	施行業者	
住戸位置	エレベータ	□あり　□なし		
	開口部	□南　□東　□西　□北　□南東　□南西　□北東　□北西		
	日照	□良好　□やや悪い　□悪い　□極めて悪い		
専有部分	眺望景観	□特に優れる　□優れる　□普通		
	駐車場空き状況	□敷地内駐車場空きあり　□なし		
交通・立地	周辺環境	□優良住宅地　□一般住宅地　□商住混在　□工住混在　□嫌悪施設あり		
	騒音の程度	□閑静　□気にならない　□騒音・振動あり		
	土地権利	□所有権　□地上権　□賃借権		
その他	ﾊﾞﾙｺﾆｰ	□特に広い(20坪以上)　□広い(10坪以上)　□普通　□なし		
	需要／総額	□売れやすい　□標準的　□やや売れにくい　□売れにくい		
	需要／ﾀｲﾌﾟ	□需要の多いﾀｲﾌﾟ　□普通　□少ない　□ほとんどない		
	建物外壁仕上材	□タイル　□吹付タイル（又はスタッコ）　□リシン		
	建物ｸﾞﾚｰﾄﾞ	□高級　□上級　□中級　□中級の下　□下級		
	外装の状況	□特に目立つ劣化なし　□軽微な劣化　□劣化が目立つ		
	ｾｷｭﾘﾃｨ設備	□なし　□オートロックのみ　□高度なセキュリティ設備あり		
	管理の状態	□極めてよい　□比較的よい　□あまりよくない　□よくない		
	角部屋	□角部屋である（３面開口）　□角部屋でない		
	その他施設	□管理人室　□専用ﾄﾗﾝｸﾙｰﾑ　□コミュニティ施設（　　　　）		
備考				

（注１）「基本情報」「住戸位置」「専有部分」「交通・立地」は必須項目とする。
（注２）「その他」「備考」はその他特徴があれば記入すること。
（注３）比較事例マンションが査定マンションと同一建物内にない場合は、比較事例マンション分及び査定マンション分の計２枚のチェックシートを作成すること。

（平成23年４月１日から適用）

任－⑨

販売活動状況報告書（第　　回目）

（対象期間：　　年　　月　　日～　　年　　月　　日）

平成　　年　　月　　日

独立行政法人住宅金融支援機構　御中
独立行政法人福祉医療機構　御中
お客様氏名（　　　　　　　　様）

社　名
所在地
担当者名　　　　　　　　　　　印
電話番号

下記物件の販売活動状況について、以下のとおりご報告いたします。

物件所在地			媒介依頼価格
			万円
登録指定流通機構名(ﾚｲﾝｽﾞ)		登録年月日	登録番号
不動産流通機構		年　月　日	No.
販売活動状況	情報の掲示	□当社店頭掲示　□当社店内掲示　□現地看板 □その他（　　　）	
	広告状況	□ 業界団体ホームページ登録（登録日　年　月　日） (http://　　　) □ 自社ホームページへの登録（登録日　年　月　日） (http://　　　) □ 住宅情報誌掲載（　年　月　日：媒体名　） □ 新聞広告掲載（　年　月　日：媒体名　） □ 折込み広告（　年　月　日：媒体名　） □ その他	
引合状況	□電話照会（　件） □現地案内（　組） □店頭照会（　件） □オープンハウス（来場者　組）		
買付額	円 ※抵当権抹消応諾申請と併せて申請されるときに記入（注１）		
価格見直し希望	有・無（注２）	見直し希望価格	万円
備考			

（注１）抵当権抹消応諾申請を併せて行う方へ　機構の査定額を下回る価格で抵当権抹消応諾申請を行う場合は、価格の妥当性について詳細に説明していただく必要があります。

（注２）価格の見直しを希望される場合は、提出前にご連絡いただくとともに、見直し理由等を備考欄に記入願います。なお、当初査定額を下回る場合は、当初査定額を修正するために必要となる詳細な説明が必要です。

添付書類
□　掲載した広告媒体（ＨＰ画面・住宅情報誌(コピー)・折り込みチラシ等）

(平成23年4月1日から適用)

任－⑩

売却に必要な費用等一覧

お客様氏名

【控除費用金額】

費　用	金　額		
不動産仲介手数料	円		
抵当権抹消費用	円		
滞納管理費 修繕積立金	円		
後順位抵当権者に係る 抵当権抹消応諾費用 （ハンコ代）	抵当権者名	残債権額	応諾費用
		円	円
		円	円
		円	円
		円	円
その他 （　　　）	円		
（　　　）	円		
（　　　）	円		
合計（Ⓑ）	円		

【売却希望価格・配分金額】

売却希望価格（Ⓐ）	円
住宅金融支援機構・福祉医療機構への配分金額 （＝Ⓐ－Ⓑ）	円

添付書類

□　不動産購入申込書（買付証明書）

□　登記事項証明書（売出後、新たな利害関係人が判明した場合のみ）

（平成 23 年４月１日から適用）

任ー⑪

査定額等確認申請書

平成　　年　　月　　日

独立行政法人住宅金融支援機構　御中
独立行政法人福 祉 医 療 機 構　御中

社　　名

所 在 地

担当者名　　　　　　　　　　　　　　　　　印

電話番号

＿＿＿＿＿＿＿＿＿＿様所有不動産の売却にあたり、当社における査定額は、別添「価格査定書」記載のとおりであるのでご確認ください。

添付書類

戸建て住宅の場合

- □ 価格査定書（任ー⑤）又は（財）不動産流通近代化センター制定のもの
- □ 実査チェックシート（任ー⑥）
- □ 価格査定書に採用した取引事例の概要（チラシ、住宅情報誌等）
- □ 最新の路線価図（相続税路線価図又は固定資産税路線価図）
又は最新の固定資産税評価証明書
- □ 周辺地図（対象物件の所在を明示したもの）
- □ 住宅地図（対象物件を明示したもの）
- □ 写真（１物件６枚程度）
- □ 販売活動状況報告書（任ー⑨）

マンションの場合

- □ 価格査定書（任ー⑦）又は（財）不動産流通近代化センター制定のもの
- □ 実査チェックシート（任ー⑧）
- □ 価格査定書に採用した取引事例の概要（チラシ、住宅情報誌等）
- □ 周辺地図（対象物件の所在を明示したもの）
- □ 住宅地図（対象物件を明示したもの）
- □ 写真（１物件２枚程度）
- □ 販売活動状況報告書（任ー⑨）

（注１）種別ごとに全書類ご提出願います。
（注２）添付した書類は☑としてください。

（平成 23 年４月１日から適用）

任－⑫

代金決済予定日等の報告書

平成　　年　　月　　日

独立行政法人住宅金融支援機構　御中
独立行政法人福祉医療機構　御中

社名

所在地

担当者名　　印

電話番号

代金決済予定日等が以下のとおり決まりましたので報告します。

お客様氏名	
取扱金融機関	

決済日時等	年月日	平成　　年　　月　　日（　　）
	時間	（午前・午後）　　時
	場所	
司法書士	氏名	
	連絡先	TEL　　FAX

（注）決済予定日の**２週間以上前まで**に本用紙にてご連絡ください。

（平成23年4月1日から適用）

■著者略歴

伊藤 光記（いとう みつのり）

1974年生まれ。不動産投資会社の営業部や仕入企画部を経て、2001年に株式会社ディーム代表取締役に就任。2005年に有限会社レフォルマ・ピーアールオーを吸収合併し、株式会社レフォルマ代表取締役に就任。不良債権処理に伴う競売・任意売却業務に携わるなかで住宅ローン債務者の現状を目の当たりにし、任意売却の不透明さや慣習に疑問を感じたことをきっかけにして、債務者に向けて任意売却のコンサルティングを開始する。任意売却や競売のプロとして、「ガイアの夜明け」「ワールドビジネスサテライト」「産経新聞」「週刊朝日」等、多数メディアにも取り上げられる。著書に『住宅ローンを返せなくなったときに読む本』『プロが教える任意売却の上手な進め方』（週刊住宅新聞社刊）がある。

◇本文監修

新谷・藤川法律事務所

弁護士　藤川綱之

ストップ競売！　マイホーム任意売却のススメ

平成24年4月5日　初版発行

著　者　伊《い》　藤《とう》　光《みつ》　記《のり》

発行者　中　野　博　義

発行所　㈱住宅新報社

（本社）　〒105-0001　東京都港区虎ノ門3-11-15（SVAX TT ビル）

編　集　部　（03）6403-7806

出版販売部　（03）6403-7805

大阪支社　〒541-0046　大阪市中央区平野町1-8-13（平野町八千代ビル）電話（06）6202-8541㈹

＊印刷・製本／藤原印刷㈱

落丁本・乱丁本はお取り替えいたします。

ISBN978-4-7892-3495-5 C2030